国家自然科学基金项目：
中国企业创业中制度缺失与战略反应

企业使命陈述与绩效关系

奚艳燕　著

辽宁大学出版社

图书在版编目（CIP）数据

企业使命陈述与绩效关系/奚艳燕著. --沈阳：
辽宁大学出版社，2014.5
ISBN 978-7-5610-7682-8

Ⅰ.①企… Ⅱ.①奚… Ⅲ.①企业发展战略－研究②
企业绩效－研究 Ⅳ.①F272

中国版本图书馆 CIP 数据核字（2014）第 113598 号

出 版 者：辽宁大学出版社有限责任公司
　　　　　　（地址：沈阳市皇姑区崇山中路 66 号　　邮政编码：110036）
印 刷 者：辽宁彩色图文印刷有限公司
发 行 者：辽宁大学出版社有限责任公司
幅面尺寸：148mm×210mm
印 　 张：8.125
字 　 数：230 千字
出版时间：2014 年 5 月第 1 版
印刷时间：2014 年 10 月第 1 次印刷
责任编辑：武　瑛
封面设计：徐澄玥
责任校对：齐　阅

书 　 号：ISBN 978-7-5610-7682-8
定 　 价：32.00 元

联系电话：024－86864613
邮购热线：024－86830665
网 　 址：http://www.lnupshop.com
电子邮件：lnupress@vip.163.com

摘　　要

随着经济全球化发展，各国之间经济交流与文化渗透使企业的经营环境日趋复杂，企业战略不断受到挑战，企业间的竞争从产业技术创新和资源要素能力建构发展为对各国制度合法性的遵循过程。全球化的经济发展趋势使企业的制度环境成为战略决策的重要基础[①]（M. Peng，2006）。越来越多的企业依赖于制度环境的特征来决定组织的行动[1]。企业与外部环境的一致性决定了企业生存的合法性、稳定性、资源和生存的可能性[②]（Mayer & Rowan，1977），这种趋势使企业使命与制度环境的运行逻辑契合程度成为绩效关键[③]（Ruef & Scott，1998）。

使命陈述阐述了企业存在的理由，是企业战略和日常决策的重要指导原则（David，1989；Irland & Hitt，1992）。在企业的战略与绩效关系上，使命陈述的作用不容忽视。首先，使命愿景、目标与目的定位了企业的产业竞争发展方向；其次，价值观和利益相关

① Mike W. Peng, 2006. Global Strategy. Thomson - South—Westen：Cincinati.

② John W. Mayer and Brian Rowan，1977. Institutionalized organizations：Formal structure as Myth and Ceremony. American Journal of Sociology. Vol. 83. No. 2 340—363.

③ Martin Ruef and W. Richard Scott. 1998. A multidimensional model of organizational legitimacy：Hospital survival in changing institutional environments. Administrative Science Quenterly. Vol. 43 No. 4 877—904.

者传递着企业的价值信念，凝聚企业精神，形成企业独特文化，创造了企业独特能力；最后，使命与制度环境运行逻辑的一致性决定了企业的合法性（Ruef & Scott，1998）。然而现有关于使命与绩效关系的研究大多关注使命陈述包含的要素特征及其对战略绩效的影响，而如何通过使命陈述表达企业对周围制度环境的遵从，以及从使命陈述建构对利益相关者的战略和社会绩效的关系的研究并没有受到重视。

在全球可持续发展背景下，企业间的竞争不仅反映在经济成长力上，更体现在受企业信念和价值支撑的企业对周围环境的持久影响。那么有哪些具体价值和信念要素影响着企业对周围环境利益相关者的关系治理原则和战略目标，进而影响企业绩效的关系？外部的制度环境又是如何塑造企业使命进而通过使命陈述影响企业的战略与绩效？不同的制度在这一过程中有着怎样的作用差别？这些研究无疑对企业在全球可持续发展战略的成功和企业长期的可持续优势具有重要意义。

本项研究以制度理论为基础，从使命陈述的企业价值、利益相关者要素与企业绩效的关系分析，揭示了企业内部认知价值反应和外部管制与规范要求对企业绩效的作用。

研究的问题框架关系包括：（1）探索当前主导企业价值行为的企业价值观维度。（2）揭示企业使命陈述的价值观维度对企业利益相关者管理的影响。（3）使命陈述价值观和对利益相关者关切分别与企业社会绩效和经济绩效的关系。（4）政府管制政策和非政府组织社会责任规范两种制度对企业利益相关者的关切与企业的绩效影响。（5）不同所有权结构（国有、民营）对上述关系的调节效应。

本研究的使命价值观来自对 2009－2010 年中国社会科学院公布的中国企业社会责任 100 强中的 210 家国有、民营、外资企业的使命陈述中对价值观的语词表述，经过探索性因子分析旋转所得出；企业使命中利益相关者要素来自对上述企业使命陈述中对股东、员工内部利益相关者和对顾客、伙伴、社区与环境等外部利益相关者要素的归纳分析；企业社会绩效为中国社科院公布的企业社会责任指数，企业经济绩效为样本企业 2007－2010 年的销售收入毛利率、净资产收益率、应收账款周转率、存货周转率、销售收入增长率、总资产增长率和净资产增长率。

研究发现：（1）中国企业使命陈述的价值观维度包括企业对社会、环境的社会道义，诚信、正直和以人为本的道德素养，创新、卓越和勤俭的价值行为三个基本维度。（2）这三个维度分别对企业使命陈述对利益相关者关切具有显著的正向影响。（3）使命陈述的价值观和利益相关者要素对财务绩效的作用均不显著。（4）使命陈述价值观对企业社会绩效具有显著正向影响。（4）企业使命陈述对内部利益相关者关切对社会绩效影响显著，而使命陈述外部利益相关者关切对社会绩效的影响不明显。（5）企业的管制性与规范性制度对企业社会绩效的形成具有较强的直接的正向影响，对使命陈述利益相关者关切和社会绩效关系有显著的调节作用。（6）管制政策与规范制度对国有与民营企业的影响同为正向，但规范制度更显著。表明公有权和私有权同样在社会绩效塑造上共同受到规范制度调节。

本项研究认为，制度合法性是企业价值、行为战略与绩效关系的重要引导工具。管制制度和规范制度共同形成了企业的管理合法性与技术合法性来源，并塑造着企业的价值观，使企业保持与外部环境的价值体系相一致，从而在认知上具有合法性的价值基础。这种认知价值的产生，形成了企业与利益相关者关系治理的原则，也成为企业社会绩效的基础。企业在外部制度环境压力下，从内部的价值认知建构制度环境提出的素质要求，通过价值认知影响企业对利益相关者的行为战略（识别重要的利益相关者并配置企业的战略资源），从而创造企业的绩效。当制度环境对合法性要求较高时，企业对利益相关者的行为从使命陈述的要素关切会转化为具体的行动，而在企业感知到的合法性要求较低时，企业仅停留在使命陈述的语言表达上，在没有直接经济效益触动下，企业不会产生进一步的成本付出，建构新的社会绩效。本研究中企业的使命陈述对外部利益相关者的关切并没有进一步形成显著社会绩效和经济绩效，表明企业感知的制度环境压力对于合法性的需求足以维持企业的存在。因此，企业对外部利益相关者行动仅停留在语言表述上即可获得生存与发展的资源，没有增进社会的总体福利。本研究对制度的调节效应测量结果表明，管制和规范制度会增强企业使命陈述对利益相关者关切与社会绩效之间的关系。然而在这两种制度的共同作用下，企业的社会绩效具有负向倾向。特别是二次交互结果显示，在规范制度明显具有正向调节作用时，管制性制度的介入，降低了计量分析的正向显著性，甚至负向倾向，说明管制政策和规范制度之间存在协调的模糊问题。

本项研究的理论贡献或创新体现在以下几个方面：

（1）本研究从使命陈述的工具性作用对使命陈述的价值观内容和利益相关者要素对企业的社会绩效和经济绩效之间的关系进行了实证分析。建立了使命与绩效之间关系的直接测量路径，揭示了企业使命陈述要素之间的作用机制，弥补了以往对使命陈述与绩效间关系测量对比分析的局限性。而此前的研究基本上是从使命陈述的内容和结构进行的分析，研究方法局限于拥有使命陈述的要素成分和结构差别的相关性测量，并没有建立起使命陈述要素与企业绩效的直接关系。

（2）增加了企业社会绩效作为企业绩效的测量范畴，扩展了企业使命作为战略管理工具的实际意义。

（3）提出了制度环境在使命陈述与绩效关系之间的调节作用，

并从实证测量中得到验证。

（4）识别了在中国制度背景条件下，企业的社会道义、道德素养和行为价值三个价值观维度。拓展了制度理论认知支柱在企业可持续发展战略上的理论框架并提供了实证支持。这三个维度是企业在全球可持续发展以及中国企业"走出去"发展战略背景下，政府政策和国际规范对企业使命陈述的要求做出的响应，从实证上支持了企业为获得合法性必须保持价值体系与外部制度环境要求相一致的制度理论假设[3,①]（Mayer & Rowan，1977；Dimaggio & Powell，1983）。

（5）本研究验证了企业价值体系是企业对利益相关者行为的背后支撑这一理念（Scott，1995）。从企业使命陈述对利益相关者要素的关切与企业价值观维度之间的直接效应证明，企业的三个价值观维度会直接影响企业对内部和外部利益相关者的管理。而此前的研究大多是从对利益相关者的规范要求[②]（Donaldson & Preston，1995）或道德伦理视角[③]（Jones，1995）进行的分析，而缺乏具体的要素成分和实证检验。

（6）本研究检验了中国情境下，企业使命陈述对利益相关者的关切与企业社会绩效和经济绩效之间的关系。发现与企业经营活动有直接关系的内部利益相关者关切对企业社会绩效的提高有着显著的作用，而对外部利益相关者的关切并不显著。另外，政府管制与

---

①　Paul DiMaggio and Walter Powell，1983. The Iron Cage Revisited: Institutional Isomorphism and Collective Rationality in Organizational Fields. American Sociological Review. Vol. 42 No. 2. 147—160.

②　Thomas Donaldson and Lee E. Preston. 1995. The Stakeholder theory of the Corporation: Concepts, Evidence, and Implications. Academy of management Review. Vol. 20. No. 1. 65—91.

③　Jones. T. M. 1995. Instrumental stakeholder theory: A synthesis of ethics and economics.. Academy oí Management Review，20：404—437.

非政府标准规范对促进企业在利益相关者问题管理上的行动具有重要影响。不同所有权结构的测量反映出国有企业和民营企业更多地希望获得技术上的合法性，因而规范制度在社会绩效塑造上发挥了重要调节作用。

目　　录

第一章 绪 论

随着经济全球化发展，各国之间经济交流与文化渗透使企业的经营环境日趋复杂，企业战略不断受到挑战，企业间的竞争已从产业技术创新和资源要素能力建构发展为遵循制度合法性获得可持续竞争优势的过程，制度环境成为战略决策的重要基础[1]（M. Peng，2006），可持续的组织形式[3,5]（Mayer & Rowan，1977；Dimaggio & Powell，1983）和绩效[2]（Gladwin et al.，1995；Hart，1995）成为企业的价值追求。这种趋势使企业使命与制度环境的运行逻辑的契合成为企业生存与发展的关键[4]（Refe & Scott，1998）。

使命陈述阐释了企业存在的理由，表达了企业的价值和信念，是企业战略导向和日常决策的重要原则（Irland & Hitt，1992），对企业绩效具有重要影响。从产业视角来看，使命定义了企业的竞争目标和在产业中的位势，决定了企业未来的发展方向。从资源与能力建构视角来看，使命传递着企业的信念和价值追求，使企业管理者、员工凝聚在一起形成企业独特的精神文化。从制度合法性视角来看，使命是制度化过程中形成的企业核心理念，使命结构与要素成分使利益相关者感受到企业内心有"我们最佳利益"和"分享我们的价值"的共享思想，成为企业获得合法性的工具（Campbell，1991；Ireland & Hire，1992；Bartkus et al.，2007）[1][2]。

---

① Andrew Campbell and Sally Y. 1991. Brief Case：Mission，Vision and Strategic Intent. Long Range Planning，24（4）：145－147.

② Irland R. D，Hitt M. 1992，A. mission statements：importance，challenge and recommendations for development. Business Horizons，35（3）：34－43.

在全球经济需要可持续发展的今天，企业使命和责任已从单纯的经济价值追求转变为为满足利益相关者需要的为全社会创造福祉的过程。企业从使命到绩效产出的战略过程不仅关系到企业自身的发展，也对利益相关者形成社会影响。从技术流程到管理结构，任何对企业自身价值产出的改变都会形成新的社会绩效，而利益相关者对这一转变的反应也影响着企业战略的成败。在由利益相关者构成的制度环境中，企业使命与绩效之间就存在一个路径黑箱：制度环境如何塑造企业使命？又是如何影响使命和绩效关系？M. Peng (2005)① 认为，中国转型经济发展过程中，企业战略的成败也代表了全球企业战略研究的关键元素。揭开使命陈述与企业绩效间的黑箱，不仅有益于了解使命陈述与企业绩效关系，更将有益于了解企业可持续发展战略过程中企业在制度环境作用下的反应机制。

本章以研究背景为起点，主要阐述研究的现实与理论背景、研究主题、研究方法以及全部研究的框架结构与后续章节分布。

一、研究背景

（一）现实背景

1. 全球化发展趋势的复杂性

随着商品、服务、劳动力等生产要素的全球流动，国家、社会与人群文化之间的关系以及地域文化差距与政治和社会制度的多样性不断融合，范围的深度和广度不断加大，世界经济、政治和文化从异质性不断向规范化与同构化发展，形成了全球化发展趋势的复杂背景。国际经济的相互依赖，跨国公民社会的作用成为主权国家和国际组织之外的第三方力量，塑造着当今世界的面貌与性质，代

---

① Mike W. Peng. 2005. Perspectives—From China Strategy to Global Strategy. Asia pacific Journal of Management，22，123—141，2005.

表了当今全球化发展的四个突出特征：首先，全球化使创新性事务和既有社交网络的扩张不断超越传统政治、经济、文化和地理之间的界限，造就了超越地域结构的新社会秩序；其次，金融、贸易、通讯的技术飞跃使社会关系、社会活动嵌入在相互依存的扩张与延伸中；第三，不断强化和加速的虚拟社会交流活动加剧了全球化进程；第四，社会组织间的相互关联和依存的产生、扩展及强化不仅仅局限于物质与客观的层面，更涉及人类仪式的主观层面，地理界限与距离正在消弭，人们对个体的集群性意识日益影响着现实中的行为方式。全球化企业面临着一组多向度的社会进程，一个不断创造、增加、扩展和强化了世界范围内的社会交流和相互依存性，使人们越来越意识到本地与世界之间的联系正在不断加深（M. B. Steger，2009）。

2. 企业全球战略面临的制度环境挑战

全球化的经济发展趋势使企业应对利益相关者合法性需求的制度环境成为战略决策的重要基础（M. Peng，2002）①。从企业视角来看，全球战略使企业必须直面来自制度环境的挑战：（1）跨文化环境与制度距离（cultural vs institutional distance）构成了企业正式与非正式制度环境；（2）全球与局部地域多元性（global vs regional geographic diversification）形成企业多元政治与历史文化环境组合的制度规则；（3）公司治理上的融合与分歧（convergence vs divergence in corporate governance）形成全球化治理机制特征；（4）国内与海外企业社会责任（domestic vs overseas corporate social responsibility）产生两个相互对立的假设：一是正式制度的融合成为普遍采用的法律或控制系统，二是正在发挥作用的非正式制度难以实现趋同机制。这些挑战使企业从产业创新、资源能力开发来构建优势的竞争转移到更复杂的在不同制度环境中协调利益相关者关系的可持续竞争优势构建过程。

---

① Mike W. Peng .，2002，Toward an Institution－based view of Business Strategy. Asia pacific Journal of Management，19：251－267.

3. 中国企业面临的可持续发展危机

当前，世界 500 强企业中，中国企业已经占据了 54 席（www. fortun. com），中国外汇储备已超过 1 万亿美元，外贸投资超过 700 亿美元，中国企业不仅是参与而且已成为全球经济的核心部分。然而，在中国成为全球经济的重要组成部分时，中国企业在经济、社会与环境可持续发展问题上却面临着巨大挑战：

第一，全球企业社会责任浪潮对传统经济发展模式的冲击。

传统经济发展方式使我国面临着严峻的社会与环境问题。我国出口创汇大部分依赖于低成本劳动力和生产材料低价格的优势获得出口绩效，导致部分能源生产企业、加工企业超负荷运营，加剧了员工的劳动强度，无法实现社会安全与公平。全球企业社会责任运动对血汗工厂的产品抵制，大大影响了我国出口创汇能力，严重冲击依赖高污染和劳动密集产业的传统经济发展模式。

第二，中国企业社会责任总体绩效较低，利益相关者权益受到严重侵害。

中国社会科学院企业社会责任报告调查显示，中国国有、民营与外资企业社会责任总体水平较差，2009 年国有、民营与外资企业 100 强的平均社会责任指数为 20.2 分，2010 年降到 19.8 分。企业社会责任总体水平不仅没有提高，反而出现下降趋势。（钟宏武等，2009）[1]

中国企业家调查系统报告显示，国内某些企业不履行社会责任主要表现在污染环境、制售假冒伪劣产品、发布虚假广告、拖欠和压低员工工资、忽视员工安全与健康、商业贿赂等。这些问题与可持续发展的全球环境严重相悖，较低的社会责任使企业难以创造可持续的社会绩效。调查发现，盈利较好的企业比较认同对股东、国家、员工、社区和环境担负的责任，而衰退企业较差。这将导致中

① 钟宏武，张蒽，张唐槟，孙孝文. 中国企业 2009 社会责任发展指数报告[M]. 北京：经济管理出版社，2009.

国企业在遭遇经济困难之际，更难保证承担对利益相关者的社会责任，这种情势将与可持续发展战略构建和创造企业的可持续竞争优势愈发背道而驰。

第三，生态环境保护问题严峻，可持续发展任重而道远。

环境统计报告显示，我国大气污染 80% 以上来自工业废气。从《京都议定书》签订后，工业二氧化硫排放呈逐年增加趋势，工业烟尘、粉尘等废气排放虽有下降，但下降速度缓慢，特别是二氧化硫排放总量，中国在 2002 年已经超过美国 1998 年的最高 1700 万吨的排放总量，达到每年 1900 万吨以上，而下降速度却远远低于美国和西方发达国家。从我国六大流域接纳主要污染企业污水调查情况可以发现，我国工业污水排放已经给流域内的环境带来严重损害，污染贡献率远大于经济贡献率。例如，工业发展速度较快的海河、淮河、太湖和巢湖流域，经济贡献率仅为 20% 左右，而污染贡献率却高达 70%－90%，治理时间还将远远长于污染排放期。

在 2009 年召开的哥本哈根世界环境大会上，我国政府郑重承诺，要在 2020 年实现碳排放低于 2005 年 40% 的目标。这一目标不仅为我国经济增长方式提出要求，也为企业如何实现利润增长和创造竞争优势提出新的课题。

4. 可持续发展呼唤企业新的战略使命

上述现实表明，中国目前的经济、社会与环境均面临着可持续发展的严峻态势。企业比较注重经济价值创造，而不太重视利益相关者的权益。全球化趋势使国际化发展的中国企业面临着创造经济价值与规范化生产管理问题的全面挑战，可持续发展的竞争趋势呼唤企业新的使命与责任。实践证明，拥有清晰的使命和价值观能够引领企业走向辉煌，为社会创造卓越绩效，而没有企业使命会使企业缺乏清晰目标，降低企业社会绩效与经济能力。同为通信设备制造业的北大方正与华为集团，企业成立时间均为 25 年，而发展轨迹却截然不同。北大方正集团没有建立企业的使命，单纯追求企业的经济规模使企业从一个 IT 业创新倡导者发展成为融合信息、医疗、物产、金融不相关多元化集团，企业缺乏清晰使命和价值观与对利益相关者的认识，社会绩效从 2009 年第 144 位，降到 2010 年 300 名以外，主营收入增长率从 2009 年的 1.89% 降到 2010 年的 1.02%。而华为集团建立了清晰的企业使命，将关注客户的挑战、持续为客户创造最大价值为使命，秉持成就客户、艰苦奋斗、团队合作、至诚守信、开放进取和自我批判为"内心深处的核心信念"的价值观，努力丰富人们的沟通与生活成为企业愿景，创造企业和谐的商业环境为目的，清晰的使命陈述使公司业务集中于无线电、微电子、通讯设备、软件和解决方案高度相关产业，在 24 年间发展成为中国民营企业 500 强中的第一位，目前市场遍及 100 多个国家和地区，2009 年销售达 215 亿元，2011 年上半年达到 983 亿元，销售增长率达到 27.31%。社会绩效排名从 2009 年 41 位提升至 2010 年的 32 位。尊重客户需求，遵从社会环境需要使华为集团在使命引领下创造了卓越的社会绩效和竞争优势。

（二）学术背景

使命陈述作为企业战略管理的重要工具，起源于德鲁克的管理思想。早在 20 世纪 70 年代，Drucker（1974）[①] 提出了企业要建立使命的建议。使命陈述阐释了企业存在的理由（Drucker，1974）[②]，表达了企业的价值和信念，传递着企业对周围环境利益相关者的关系治理原则和战略目标，是企业战略管理的重要工具

---

① Drucker P. F. 1973. Management: Tasks, Responsibilities, Practices. Harper and Row, New York.

② Drucker P. F. 1973. Management: Tasks, Responsibilities, Practices. Harper and Row, New York.

(Peace & David，1987；Irland & Hitt，1992)①②。在错综复杂的环境中，使命陈述能够提供给企业清晰的战略目标，使企业在使命引领下形成一致和稳定的运营决策基础，避免争议和混乱导致企业战略发生偏移。使命陈述也是企业内在核心理念的标识，使利益相关者从使命陈述中识别企业可预知的行动信息，因而被越来越多的管理者作为组织与内外利益相关者关系治理的原则（Bartkus，2000；2006)③④。

从 Drucker（1974）提出企业的使命的概念以来，对使命陈述与企业绩效之间关系的揭示始终处于模糊状态。一种结论认为，企业是否拥有使命与企业的财务绩效没有关联，这一结论来自对拥有使命陈述的企业和没有使命陈述企业的财务绩效之间的对比分析（Klemm & Sanderson，1991；David，1989；Bart & Baetz，1998；Bart，1997a)⑤⑥⑦⑧，这类对使命陈述与绩效之间关系的分析目的是针对使命包含的要素成分和结构的必要性进行的确定性测量。另一种观点认为，企业使命陈述的价值信念和行为、绩效之间具有相

① Peace & David，1987. Corporate Mission Statement：The Bottom Line. Academy of Management Executive，Vol. 1 No. 2，pp. 109—116.

② Irland & Hitt. 1992. Mission statements：Importance，Challenge，and Recommendations for development. Business Horizons，May—June.

③ Bartkus Glassman & Macfee，2000. Mission Statements：Are they Smoke and Mirrors？Business Horizons，November—December.

④ Bartkus，Glassman & Macfee，2006. Mission Statement Quality and Financial Performance. European Management Journal，Vol. 24，No. 1. Pp：86—94.

⑤ Klemm，Sanderson 7 Luffman. 1991. Mission statements：Selling Corporate Values to Employee. Long Range Planning，Vol. 24. No. 3. PP 73—78.

⑥ David，1989. How Companies Define Their Mission. Long Rang Planning，Vol. 22，No. 1. PP：90—97.

⑦ Bart 7 Baetz，1998. The Relationship Between Mission Statement and Firm Performance：An exploratory Study. Journal of Management Studies. 35：6 November. (0022—2380). 823—852.

⑧ Bart. 1997. Sex，Lies，and Mission Statement. Business Horizons，November—December.

关性，这一结论来自对企业使命陈述的结构、作用路径的分析（Bart & Baetz, 1998；Bart et al., 2001)[23][①]。基于企业使命陈述是企业战略的起点，是企业的利益相关者（顾客、股东、伙伴社区）认识与了解企业的途径（Irland & Hitt, 1992;)[17]，因此，使命陈述对利益相关者的关注以及战略决定了企业使命陈述的质量（Bartkus et al., 2006)[19]与合理性（Bart, 2001)[25]。然而，有关使命与绩效关系的研究并没有建立期间的直接分析路径。尽管 Bart (2001)[25]建构的模型描述了企业使命陈述的合理性到企业行为的影响进而作用于企业的绩效，但从使命陈述合理性到企业绩效的 PLS 结构路径中介变量过多，难以辨析使命的具体内容与绩效之间关系的作用机制。Bart & Hupfer (2004)[②] 发现，使命陈述中对利益相关者的引述与管理者对企业财务绩效成就的认知理解具有显著正向关系。但是，这项研究将多个利益相关者整合为一个"盈利要素"变量，因此导致每个利益相关者在使命陈述中的作用并不清晰。而来自使命陈述对利益相关者的关切与企业绩效的测量的显著意义并不确定，从顾客、员工、供应商、社会与股东等几个利益相关者视角研究与企业财务绩效的关系，发现使命陈述中除了员工要素对财务绩效具有显著的正向影响外，其他任何一个利益相关者都对企业财务绩效具有显著的负向关系（Bart, 1998)[③]。Bartkus (2006)[19]通过使命陈述包含利益相关者、要素成分和战略目的和忽略这些要素企业的绩效比较分析发现，大部分使命陈述要素与财务绩效无关，而一些对员工关切、对社会负责和注重价值体系的沟通等经营规则与财务绩效显著正相关。Bartkus & Glassman (2007)

---

① Bart，Bontis & Tagger. 2001. A model of the Impact of mission statements on firm performance. Management Decision. 39/1 19—35.

② Bart，C. K. and M. Hupfer：2004，Mission Statements in Canadian Hospitals，Journal of Health Organization and Management 18 (2)，92 - 110.

③ Bart，C. K. and M. C. Baetz：1998，The Relationship Between Mission Statements and Firm Performance：An Exploratory Study ，The Journal of Management Studies 35 (6)，823 - 853.

认为，企业使命陈述对利益相关者的关注会影响企业的社会绩效，但从使命陈述包括对利益相关者关切和没有包括利益相关者要素的企业社会绩效的对比分析发现，期间的差别并不显著，而在使命陈述中越刻意强调的内容反而在社会绩效上没有显著优势。Bartkus等把这一结果归于制度合法性的作用机制，认为制度合法性要求是企业在使命陈述中表达对利益相关者关注的关键。然而，制度合法性如何塑造和影响企业使命的建立以及如何影响使命与绩效之间的关系并没有得到验证。

使命陈述作为一种重要的战略管理工具，与企业绩效之间必然存在着联系。但是，使命如何发挥其在战略管理中的重要作用，以往的研究并没有完全揭开从使命陈述到绩效实现的路径黑箱，特别是从企业使命陈述到绩效形成的作用机制更需要从制度合法性视角来进行深刻揭示。

制度环境对塑造和形成社会绩效具有重要作用。从中国的实证研究发现，制度、组织和企业战略之间存在着互动关系（Boisot，J. Child，Mike W. Peng & P. Heath，1996)[1]。来自中国企业的实证分析表明，在制度不同压力下，新兴经济体存在环境责任与环境剥削两类企业的弹性责任绩效。新兴经济体中正式的管制性制度与非正式的规范制度作用，会调解企业环境战略与绩效的关系（J. Child & Stui，2006)[2]。因此，从中国制度环境中不同制度形式对使命陈述有关利益相关者的责任承诺进一步形成企业的社会绩效的分析，将有助于进一步揭示企业使命与绩效关系的作用机制，从而为企业实现社会绩效和经济绩效提供有益的理论与实践指导。

---

[1] M. Boisot and J. Child. 1996. From Fiefs to Clans and Network Capitalism: Explaining China's Emerging Economic Order. Administrative Science Quarterly，(41)：600—628.

[2] Child，C. M. and Tsui. 2005. The Dynamic between Firms' Environmental strategies and Institutional Constraints in Emerging Economies：Evidence from China and Taiwan . Journal of Management Studies，/1：95—125.

二、研究契机

中国企业战略研究正在与全球战略研究相融合，中国企业与参与国际竞争的中国和外国企业的成功回答了企业在国际市场上成败的原因（M. Peng，2009）[①]。国际学术界对中国企业全球化战略与组织行为讨论的热点核心是企业社会责任在当今中国商企业界的重要性。尽管许多学术文章探讨了企业对利益相关者关系管理与企业财务绩效之间存在正向（Gao & Bansal，2006）[②] 或负向（chan，2006）[③] 关系，但研究对产生这种对立与互补关联的条件揭示并不深刻。Ricky Y. K. Chan（2005）[35]应用环境资源基础观（NRBV，Hart，1995）[26]调查了在中国投资的 332 家外商直接投资企业（FDI），认为在这个世界上最大和发展最迅速的新兴经济国家企业的具体资源影响组织的能力进而影响企业的环境战略，企业实施环境战略能够促进环境绩效改善，但并未带来财务绩效的提高。这说明在缺乏财务绩效激励下，企业实施可持续发展的环境战略会面临巨大挑战。企业如何应对没有经济绩效激励的利益相关者的合法性要求？如何理解与回应这些对立与冲突？其反应的结果如何？哪些因素会影响企业的合法性行为？企业如何通过社会责任建构合法性？当组织失去合法性时如何进行弥补？不同所有制结构的反应机制有何差别？等等。这些问题使持续企业的绩效创建的研究亟待从

---

① M. W. Peng，2009，Perspective—From China Strategy to Global Strategu. Asia pacific Journal of Management，22，123—141，2005.

② Pratima Bansal and Jijun Gao，Building the Future by Looking to the Past：Examining Research Published onOrganization & Environment，Organization Environment 2006；19；458.

③ Chan，R. Y. K.（2005）. Does the natural—resource—based view of the firm apply in an emerg—ing economy? A survey of foreign invested enterprises in China. Journal of Management Studies，42（3），625—672.

契合制度环境的企业使命视角来探索企业建构社会责任战略与绩效的机制。

然而，目前国内学者对于企业的社会绩效研究主要集中在企业社会责任理论与对策探析、标准与评价体系建立以及从声誉和社会资本视角探析企业履行社会责任的动机。而从制度要素的作用机制以及不同所有权结构的调节效应做深入研究并不多见。一些研究仅局限于理论知识和标准与规范的介绍以及如何建立适合中国情境的规范元素，而对于有哪些元素对战略与绩效产生关联效应的实证分析仍很缺乏，这与国际学术领域的企业社会责任研究和可持续发展理论的丰富成果形成巨大反差。特别在经济发展进入转型的关键阶段，企业面临新的可持续发展战略抉择，界定使命与企业绩效关系就显得尤为重要并形成深远影响。

国外学者有关使命陈述在利益相关者管理和企业绩效关系方面的研究为揭示中国企业使命与绩效关系提供了理论基础，当前国内企业可持续发展的重重问题以及全球可持续发展形成的社会责任浪潮对中国制度环境和可持续发展问题的关注为本研究提供了现实意义，中国转型经济发展过程中的制度环境为本研究提供了探索转型经济制度背景下的企业使命与绩效关系研究的新视角，国际学术界对中国企业社会责任问题和制度合法性关注也为本研究提供了良好的学术契机。

三、研究的范围与基本问题

（一）研究的基本问题

在上述现实背景和学术背景下，本研究主要从制度视角探索分析全球可持续发展环境下中国企业使命与绩效产生机制，包括企业使命陈述的道德价值观和对利益相关者关切与企业的经济和社会绩效之间的关系以及使命陈述价值观和利益相关者要素之间的关系；

企业基于制度合法性需求，在外部法律政策和规范制度压力下，企业使命陈述的利益相关者导向对社会绩效的作用，企业经济绩效与社会绩效间的互动关系，从而揭示企业从战略使命到实现绩效提升路径的依赖。

（二）研究问题的分解

本研究主要揭示在全球化过程中的中国企业使命陈述价值观和对利益相关者导向如何影响企业的社会绩效以及价值观对利益相关者导向的作用，现有经济能力对企业社会绩效的影响以及企业的社会绩效对企业经济绩效的提升作用，外部制度环境和不同所有权结构（国有、民营）在使命陈述对利益相关者的关切与企业社会绩效的调节作用。

1. 企业的价值观维度分析

价值是隐含在行为标准背后的信念与道德原则（Bart，1997；David，1989；Campbell & Yeung，1991)[10,17,8]，是企业对外部环境的认知反应（Rufe & Scott，1998)[4]。制度理论认为，对行动类型的许可以及决定行动与结构的合理性程序是认知要素赋予企业行动的意义。企业的使命陈述传递着企业价值信念和对利益相关者的行动原则，体现了企业的价值认知系统，对这一价值系统的形式和内涵的流行要素归纳可以揭示当前企业的认知合法性。企业为获得和保持合法性，表现出与外部环境共享的价值体系的一致性。探索中国企业的价值观维度会深刻揭示中国企业战略行动的认知制度基础。

2. 企业价值观对利益相关者管理的影响

企业使命陈述表达了企业的目标、价值和行为标准，是企业围绕所在环境的利益相关者要求而具有的行为规范和准则。因此，企业的价值观影响着企业对利益相关者的态度。从使命陈述揭示具体的价值观维度对企业内部和外部不同利益相关者的影响，能深刻认识当前驱动企业社会责任战略的机制，对企业制定利益相关者关系管理战略具有十分重要的现实意义。

3. 企业使命价值观和对利益相关者的关切与企业社会和经济绩效的关系

价值观是企业行动的价值原则取向，因而对塑造和形成企业的行为具有深刻意义，也必然对企业的绩效产生影响。利益相关者是企业合法性的重要来源，也是企业社会责任的重要对象。企业对合法性的需求，要求企业必须面对不同利益相关者的诉求并作出反应。利益相关者具有描述、工具与规范性特征，描述性特征指明了企业的利益相关者范围，工具属性表明利益相关者的作用和影响，规范属性提供了企业对利益相关者责任和价值标准。企业使命陈述对利益相关者的关切表明企业对利益相关者的管理战略会形成一定结构和程序的资源配置，由此形成不同产出成果，从使命陈述价值观和利益相关者关注对企业经济和社会绩效的分析能够探析当前制度环境下企业的价值、社会责任战略和绩效的关系。

4. 管制与规范制度在企业对利益相关者与企业绩效间的调节作用

企业的制度环境决定了企业的行为特征，制度强度增强了企业合法性的压力[5]。企业为降低压力，获得管理与技术上的合法性，对于感知的政策要求和标准规范的约束会改变原有行动的方式。因此，管制性制度与规范性制度不仅会直接影响到企业的绩效，也会对企业战略与绩效之间的关系产生调节作用。研究管制性制度与规范性制度对企业使命陈述与绩效的关系影响能够揭示外部制度环境塑造企业使命和绩效关系的作用机制。

5. 所有权结构

环境的动态性会影响企业战略与绩效。企业从公有控制为基础的所有权结构到私有产权的转换会面临不同的利益相关者，使企业的制度环境更加复杂。因此，从不同所有权形式揭示企业使命价值观、利益相关者关切与绩效的关系，会验证本研究在不同情境下的结论。

四、期望取得的成果与发现

本研究期望实现以下几个方面的学术成果：

1. 通过对企业使命陈述价值观和利益相关者关切与企业绩效关系分析，建构企业使命陈述与绩效之间的关系路径，通过对使命陈述价值观的分析，探求中国企业道德价值观维度，分析企业价值观与利益相关者关切两个使命陈述功能模块对绩效的作用机制，以获得在绩效建构上企业价值驱动和对利益相关者行为标准的确立对战略绩效的意义。

2. 从制度理论视角，测量国家政策和管理规范在企业战略规划过程中对利益相关者的关切与由此形成的社会绩效及其调节作用，来探析制度理论在企业可持续发展战略过程中的作用机制，揭示制度合法性需求在塑造企业使命以及使命与绩效关系中的作用。

3. 通过企业经济绩效与社会绩效之间的互动关系分析，揭示在可持续发展战略进程中驱动中国企业建构以可持续发展为目标的企业社会责任的实际力量，从而探求我国企业可持续发展的源泉动力。

五、研究方法与路径

（一）研究方法

理论与实证研究一直是学者发展新理论和验证原有理论的有效方式。由于管理学科大部分的理论用来指导实践活动，研究结论也往往在实践中检验，因而实证研究是一种主要的方式。实证研究是建立在实际观察基础上，通过对来自管理中的实际情况进行的归纳和总结。具体研究方式包括实验、观察、档案分析、历史研究和案例研究等。实证分析的基础是对理论建构有效性的检验，研究过程中的理论推理对研究假设的提出十分重要，而假设的提出也需要对现实的了解，不能脱离现实生活的客观规律。

因此，本书的研究方法主要通过理论的逻辑分析建构假设，通过质性研究方法结合计量经济学分析完成。通过对文献的梳理来确定本研究的理论视角和研究的理论基础，并通过理论推导提出概念模型和研究假设。通过对企业使命陈述和企业社会责任报告等档案数据的收集、编码，提取本研究的相应变量与测量因子，并通过信度与效度检验，验证测量变量的有效性；通过回归分析等统计方法对研究假设予以验证。

(二) 研究路径

本项研究主要通过对研究理论和现实背景的分析确定问题，通过对相关文献的梳理，确定研究的基本概念和框架，分析研究的变量关系，建构具体的概念模型和假设。通过对现实资料的收集归纳，验证概念框架之间的逻辑关系，并通过不同环境对其进行验证。

本书首先在第一阶段确定研究的主题。通过对文献的分析，确定研究的主要内容和变量关系并提出相应的研究假设。

第二阶段确定验证本研究提出假设的方法。由于本研究涉及企业使命陈述与绩效的关系，本研究采用质性研究方法，通过对企业大量档案资料的文字分析，采用探索性因子分析，确定企业的使命陈述价值观维度，对利益相关者的关切，制度变量测量方法，以及企业的社会绩效和经济绩效变量的信度和效度检验，确定测量变量的有效性和可靠性。

第三阶段主要对确定的测量变量通过计量统计的回归分析方式，探索企业使命陈述价值观各维度对利益相关者关切与企业社会和经济绩效关系，以及使命价值观对利益相关者关切间的关系，企业社会绩效和经济绩效的互动作用以及企业的外部环境的管制制度和规范制度压力对企业从使命陈述对利益相关者关切到社会绩效实现的调节作用。同时，从所有权结构验证不同制度环境对上述关系的不同意义。

第四阶段主要是针对上述计量分析的结果进行讨论和揭示，确定本研究的理论发现和对现实管理的意义以及本研究的局限性。

上述研究路径归纳如下：

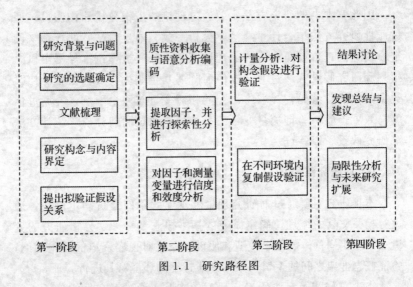

图 1.1　研究路径图

六、研究内容与框架

本研究拟建立以下研究框架，共分七个部分，如图 1.2 所示。其中，第二部分到第七部分为研究主体内容，主要包括：

第一部分：绪论

本部分主要简述研究的现实背景和学术背景，提出研究的问题，并界定本书的研究范围和研究方法，为全部研究提供总括信息和导读。

第二部分：文献综述

本部分主要对研究中所采用的理论概念和前沿研究的基础进行

阐述，以不断深入的方式，层层揭开企业使命陈述与企业绩效之间的关系以及制度理论作用机制的相关研究。

首先阐述企业使命和绩效关系研究的相关成果和局限性，以及与此相关的企业使命的要素、功能和制度要素与环境对战略的作用；接下来从企业社会绩效和经济绩效两个领域界定企业的绩效范畴；由企业绩效引申出企业的社会绩效定义和利益相关者理论；由企业利益相关者延伸到制度理论对战略与绩效的影响。

通过对国内企业当前研究的态势分析，指出目前的研究现状和问题，并提出今后研究的发展方向。

第三部分：概念模型与假设

从第一章提出的研究问题和第二章对理论的梳理，本部分建构出研究的概念模型，并分析阐释各变量概念间的假设关系。

首先，阐述制度环境对塑造企业社会绩效的作用；其次，揭示企业在制度合法性需求驱动下，从企业使命陈述到社会绩效实现的路径。在此基础上，阐释使命陈述价值观和对利益相关者关切的制度含义，解析制度环境对塑造企业使命和影响企业从使命建立到绩效实现的作用机制。

第四部分：研究方法与样本特征

本部分主要是对实证调查对象和具体样本数据进行描述。通过对获得的质性研究样本资料的整理来确定具体测量指标，并对测量变量进行有效性检验。

第五部分：数据分析与结果归纳

本部分主要是对关系假设设定的变量进行计量统计分析。

第六部分：所有权结构等不同制度环境的调节效应

本部分主要是引入所有权结构测量不同制度环境中企业使命陈述与社会绩效关系，以揭示国有和民营企业在不同制度环境管制压力下的反应。

第七部分：研究结果讨论

本部分主要针对计量统计分析的结果，从理论和现实视角进行剖析。

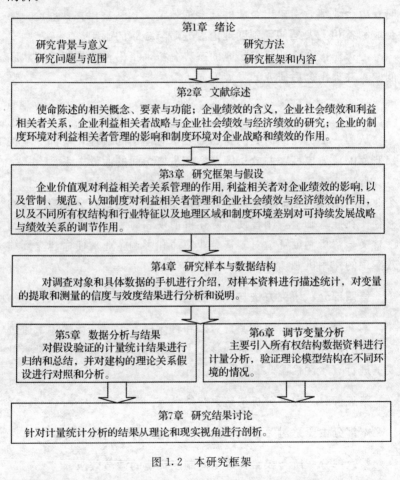

图 1.2　本研究框架

第二章　文献综述

一、企业使命陈述的相关研究

使命是定义一个组织的特征、身份和存在的理由，也是一个企业的商业行为和目标市场合理性的学科知识（Campbell & Yeung，1991）[1]。Drucker（1973）[15]指出，使命陈述其实质是回答企业"我们的业务是什么？""我们的业务应该是什么？"以及"我们的业务将来会怎样？"三个有关企业存在的关键问题。第一个问题揭示了企业经营的业务范围和目标，第二个问题则是为有关业务和目标的质量设定具体的特征和价值体系，第三个问题则是企业战略的蓝图愿景。使命陈述是企业管理者制定决策的依据，也是公司业务运营以及日常员工行为的指导，因此被看做战略管理规划的第一步，成为战略管理的重要工具（Bart，1997）[10]。

（一）使命陈述的概念内涵

Irland & Hitt（1992）认为，使命陈述是企业对外公开披露的企业的目的（purpose）、目标（goals）、产品（products）、市场（markets）和价值观（Philosophical views），也是激发企业精神的公开宣传。Miller（1998）认为，使命陈述阐释了对股东的责任和

---

① Aderew Campbell & Salley Yeung. 1991. Creating a Sense of Mission. Long Range Planning，Vol. 24，No. 4，pp. 10－20.

竞争优势来源以及业务范围和未来愿景。为揭示使命陈述的概念，Campell & Yueng（1991）[8]建构了以目的（purpose）为指引，以行为标准（behaviors standards）为底部支撑，以战略（strategies）和价值观（value）为两翼的"使命陈述钻石模型"，并分别从使命的目的、战略、行为标准和价值观四个层面解析了使命的基本内涵。使命目的主要揭示企业存在的理由，阐释企业存在的全部意义是为谁创造利益，激励管理者和员工能够发挥超越自我的工作热情。Campell & Yueng认为，企业从三个利益群体来决定存在的目的。一种是考虑股东利益的企业，在这一理由支撑下，满足股东的利益最大化要求就成为决策的指导原则。但研究发现，大部分管理者认为这一要求是无法完全满足的。企业在经营过程中必然还需要考虑其他利益相关者诉求，比如顾客、员工、供应商以及社区的要求。因此，企业的使命在确立业务为股东创造利润回报的同时还需要为顾客提供满意产品，为员工提供工作回报等。另一类企业认为，企业存在的理由是满足利益相关者的需要。为表达企业对每个利益群体的责任这一存在理由，企业的使命陈述需要明确有力地描述出行为目的和理念，清晰阐释对顾客、员工、供应商、社区与环境的责任或意图。第三类企业不再局限于满足利益相关者的需求，而是将企业的目的设定为追求超越利益相关者的诉求，为所有利益相关者的荣誉而做出努力，这类企业的目的设定能够使员工获得满意的工作荣誉感从而表现出对工作的承诺和热忱。在这种对工作满足感的激励下，员工以较高的理想来拒绝自利行为，使组织依赖于积极的精神将员工凝结在一起，公司的目的就成为对利益相关者表达差异化的独特能力，从而为企业获得更高的合法性资源。

使命战略主要是企业相对于竞争对手对自身位势的思考以及如何获得资源与能力来实现目标的策略。企业为了与其他组织竞争就需要制定相应的战略来实现目的。战略提供了企业的商业模式的逻辑。使命陈述设定目的的同时，需要一个围绕目的的对公司业务和竞争领域界定的战略解析：公司未来的竞争位势如何创造独特能力和竞争优势。

　　使命行为标准是对"做正确的事"的规范与规则，即企业的政策和行为范式对独特能力和价值体系的合法性支撑。目的和战略如果无法转变为具体的行动就会变成虚无的思想，如果这期间融入政策和行为导向就会成为人们日常的决策基础。将企业的目的和战略转化进入公司政策和行为导向，就会比竞争对手具有更鲜明的独特能力，管理者和员工的日常活动也会更加具有条理性，从而会提高公司的绩效。比如，实施环保战略的企业会制定绿色产品开发计划，相应的采取绿色采购和绿色员工管理政策、绿色办公流程等，公司也会随之形成绿色管理文化。以合作为导向的企业，会相应的制定一系列为顾客和供应商提供服务的支持系统来实现这一战略要求，公司业务活动也会随着这一标准建构商业逻辑。在这一商业逻辑背后，使命需要通过建构行为的哲学或道德合理性来支持企业的商业活动合理性。

　　使命价值观是企业文化背后的信念和道德原则。Campell & Yueng（1991）认为，价值为公司的活动行为标准和规范提供了意义。战略和价值构成了公司使命的左右两翼，而价值则是企业行为背后的哲学原理。

　　在使命陈述的钻石模型中，战略和价值两个基本原理连接了目的和行为标准，战略的逻辑确定了企业的商业活动原理以及行为标准，使公司表现出超越竞争对手的能力。情感、道德和伦理的原理是公司价值与行为标准的伦理信念：以正确的方式对待人，并以正确的行为行走于社会。

　　为进一步阐释使命的内涵和作用，众多学者从使命的要素构成和管理功能视角对使命进行了解析。

（二）使命陈述的要素内容

　　David（1989）[17]认为，使命陈述的质量对企业战略至关重要，好的使命能够指导企业决策，而制定模糊和混乱的使命会干扰企业的发展方向。众多学者对使命陈述的标准界定并不统一。David（1989）[17]通过对 75 个组织的使命调查，归纳出使命陈述至少要定义 9 种要素，这 9 种要素是：①顾客——谁是企业的顾客？②产品与服务——企业的主要产品与服务是什么？③技术——企业的基本技术是什么？④定位——企业要在哪些领域竞争？⑤对生存的关切——企业对经济目标的承诺？⑥哲学——企业的基本信念、价值、精神和哲学是什么？⑦自我定义——企业的主要强项和竞争优势是什么？⑧对公众形象的关切——企业理想的社会责任和公共形象是什么？⑨对员工关切——企业对待员工的态度如何？而 Bart（1998）则认为 9 种要素过于笼统，一个好的使命陈述需要包括 25 个要素。比如，在目的上，Bart 强调企业除了一个大的目标外，还应具有总体目标，以及具体的财务目标和非财务目标。在战略上，使命应清晰定义企业的独特能力，对竞争位势渴望以及竞争战略和常规业务，具体市场＼客户＼服务，具体产品＼服务，具体业务领域以及技术界定等。

Abrahams（1995）认为，制作精良的使命会有助于战略的形成，而缺乏方向指引的战略也会失去有效性（Abrahams，1995）。因此，Jones & Kahaner（1995）提出，使命陈述应包括愿景、价值观、目标、原则或哲学以及支撑使命实现的战略导向。在愿景陈述上，Lucas（1998）[①] 认为，愿景不仅要包括核心价值（core values）、核心能力（core competencies）以及未来目标（future goals），而且还应包括精神（inspires）、导向（guides）和控制（controls）。其他学者也对使命陈述的内容提出各自的理解，但基本认为，使命陈述不仅包括企业自身的竞争能力和价值追求，还应包括对利益相关者的关注和对社会问题的反应（Irland & Hitt，1992；Bartkus & myron，2007；Bartkus et al.，2004）[9,19,16]。

Stone（1996）[②] 在总结了学术界有关使命陈述研究在管理实

---

① James R. Lucas. 1998. Anatomy of a Vision Statement. Management Review. Feberuary. 22—27.

② Romauald Stone, 1996. Mission Statements Revisited. SAM Advanced Management Journal，Winter. 31—37.

践中对 CEO 的影响后，归纳了使命陈述制作应具有的独特性、清晰性、相关性、现实性、积极性、持久性和恰当的目标等 7 个要素特征。清晰性是指使命陈述要简洁明晰，能够综合概述企业的特质，使员工能够清楚理解指导日常行动的原则和价值观（Jones & Kahaner，1995）[1]；相关性是指使命陈述应植根于组织历史和文化，恰当准确描述共享价值标准（Quigley，1993）[2]；现实性，即如果使命愿景已实现或环境变迁，应重新审视企业使命（Nanus，1992）[3]；积极性，即以积极的格调书写使命，激励所有员工完成使命；独特性，即能够与其他企业区分，拥有使命的组织具有鲜明的特征，能够以独特身份区别于其他相似组织（Ackoff，1987）[4]；持久性，即引导和激励组织长远的战略方向（Collins & Porras，1994）[5]；恰当的目标，观众——瞄准范围与风格（Abrahams，1995）[6]。使命陈述具备了上述特征就会激励全体员工从使命中读出相同含义。

（三）使命陈述的功能作用

使命陈述不仅提供了企业行动的标准，也为组织行为提供了合理性，是管理者建立企业战略规划过程的基础（Pearce & Roth，1988：p39）[36]。King & Cleland（1979）[7] 从战略规划视角指出，使

---

① Jones P. and Kahaner L. 1995. Say it and Live it ：The 50 Corporate Mission Statements that Hit the Mark. New York：Doubleday.

② Quigley J. 1994. The Strategic Leadership Star：A Guiding Light in Delivering Value to the Customer. Management Decision，32（8），21—26.

③ Nanus B. 1992. Visionary Leadership，San Francisco：Jossey—Bass Publishers.

④ Ackoff R. L. 1987. Mission Statements. Planning Review，July/ August. 30—31.

⑤ Collins J. C. & Porras J. I. 1994. Built to Last：Successful Habits of Visionary Companies. Harper Collins Business.

⑥ Abrahams J. 1995. The Mission Statement Book：301 Corporate Mission Statements from America's Top Companies. Ten Speed Press.

⑦ W. R. King and D. I. Cleland. 1979. Strategic Planning and Policy. Van Nostrand Reinhold. New York.

命陈述作为战略管理工具定义了企业的商业合理性和目标市场，能够使组织建构协调一致的氛围和管理风格，促进目标转换为企业的具体工作目标和责任要素融合进任务，并且能够能够通过成本、时间和绩效进行评估和控制。同时，使命陈述对内能够激励员工，对外能够发挥沟通关系的作用，为组织和不同利益群体提供了一致的目的，使组织能够从关键利益群体中获得理解和支持，确保公司的战略资源的合理配置，避免常规决策在董事会与管理层之间产生冲突。

从狭义视角来看，Dalrymple & Parsons（1995）① 认为，企业使命陈述涵盖四个范畴：定义企业的产品系列、市场范围、成长方向和技术水平。这四个范围界定了使命陈述的基本管理作用。此后一些学者对使命的功能作用进行了拓展研究。Bartkus et al.（2000；2004；2007）通过一系列研究认为，使命陈述不仅包括基本要素，还应具有目标导向、沟通管理、协助控制、指导决策和激励员工等基本功能。目标导向是使命陈述能够建构清晰的企业未来的发展目的，并在这一目的框架下设定具体的阶段目标，使企业对目的并不感到遥不可及从而不会失去奋斗的驱动力。沟通管理是指企业的使命陈述能够提供企业的业务独特性以区别于其他相似企业，通过价值哲学和利益相关者关切以及企业对这些成分的承诺，使利益相关者能够了解企业的行为方式和活动目标，使内部员工和管理者理解公司的决策并提供支持，外部的顾客和供应商以及社区等利益群体能够获得企业发展方向的信息。协助控制是指使命陈述的目标能够分解为具体工作任务，来控制企业的战略不偏离原有战略规划的目标。指导决策的功能要求使命陈述能够表达清晰的企业的业务范围和目标市场，采取的技术手段和价值取向，使企业管理者能够从使命陈述中获得应对紧急事件或风险的决策指导，同时也为管理者和员工的日常活动提供理由。激励员工的功能要求使命陈述的要素中应包括对员工的关怀和为员工的职业发展设定规划，使

① Dalrymple D. J. and Parsons L. J. 1995. Marketing Management: Text and Cases. 6th New York John Wiley and Sons.

企业员工感受到个人的发展与企业目标的实现相统一从而为企业的活动付出更大的热情并提供持续的支持，激励员工的信息主要从价值观和利益相关者要素表达企业行为活动的信念和精神支柱。这些信息也是企业文化的核心，能够使企业产生内在凝聚力，从而形成企业的独特能力。

正如 Campbell & Yeung（1991）[8]所指出的：使命连接了组织的目标、价值与行为标准，是企业战略与文化的凝结，使组织能够团结为一个整体，制定协调的战略与行动纲领，在规范的和统一的价值体系作用下，按照设定的目标共担责任。

以 Campbell & Yueng（1991）[8]的钻石模型为框架，学者推荐的使命陈述的要素内容和管理功能归纳如下，见表 2.1。

表 2.1　　　　学者推荐的使命陈述内容总结

类别	David，1989	Stone，1996	Bart，1998	Bartkus et al.，2004
业务目的（purpose）	自我定义—企业的主要强项和竞争优势是什么	独特性—能够与其他企业区分	自我定义；目的：大的目标具体财务目标非财务目标；公司总体目标愿景陈述	未来导向；财务目标；沟通导向；协助控制；指导决策制定；激励员工
战略（strategies）	顾客——谁是企业的顾客？产品与服务——企业的主要产品与服务是什么？定位——企业要在哪些领域竞争？技术—企业的基本技术是什么	清晰文字：简洁明晰；持久性—引导和激励组织未来多年的方向；现实性—如果使命愿景以实现或环境变迁应重新审视企业使命；恰当的目标观众—瞄准范围与风格	独特能力；竞争位势渴望；竞争战略；常规业务定义具体市场＼客户＼服务；具体产品＼服务；具体业务领域；技术界定	产业；目标顾客；地理范围；独特能力

续表

类别	David，1989	Stone，1996	Bart，1998	Bartkus et al.，2004
行为标准（Behavior standards）	对生存的关切—企业对经济目标的承诺? 对公众形象的关切—企业理想的社会责任和公共形象? 对员工关切—企业对待员工的态度	相关性—对组织历史和文化以及共享价值恰当准确	对生存、股东的关切; 涉及的利益相关者; 行为标注——顾客; 员工; 供应商; 社会; 理想公共形象的	识别具体的利益相关者群体: 顾客; 员工; 投资者; 社会问题; 供应商
价值观（values）	哲学—企业主要的基本信念、价值、精神和哲学	积极性——以积极的格调书写使命激励所有员工完成使命	价值/哲学	价值

资料来源：1. David，1989，How company define their mission? Long Range Planning，Vol. 22，No. 1，pp. 90 to 97，1989；2. R. A. Stone，1996，Mission Statements Revisited，SAM Advanced Management Journal. winter. 31－37.；3. Bart，C. K. & Burke J. F.，1998，mission matter CPA Journal；Aug98，Vol. 68 Issue 8，p56，2p，1 CharT；4. B. R. Bartkus，M. Glassman，& R. B. Mcafee，2004，A Comparison of the quality of European，Japanese and U. S. A Mission Statements：A content analysis，European Management Journal Vol. 22，No. 4，pp. 393－401，2004。

二、企业绩效的相关研究

M. Peng（2004；2002）[12]认为，产业基本竞争、企业具体的资源与能力和制度环境决定了企业的战略和绩效水平。从产业视角来看，产业内五种竞争力决定了企业的竞争方式和位势，企业通过外部的机会与威胁来确定自身的优势和发展绩效的契机[①]（M. Porter，1985）。从资源视角来看，企业通过内部的资源和能力建构来打造核心竞争力，实现超越对手的能力（Penrose，1959；Wernerfelt，1984；Prahalad & Hamel，1990；Barney，1991）[②③④⑤]。然而，上述两种竞争忽视了企业环境的影响，企业并非独立于社会的静态组织，而是社会活动的重要组成部分和参与者。在与社会成员的互动关系中，企业对各类制度约束遵从才能获得生存的合法性，企业在制定战略时除考虑产业和企业层面的因素外，还要考虑更广泛的国家和社会等影响因素（Peng，2002；2004；2006）[12⑥⑦]。企业的绩效不再局限于盈利能力和市场扩张带来的成长能力，在实现股东最大化的同时更需要考虑利益相关者权益。将三种竞争方式整合，实现利益相关者利益最大化的可持续的社会绩效来实现企业的可持续发展是企业生存的根本绩效（Mayer & Rowan，1977；Dimaggio & Powell，1983；Hart，1995；Gladwin et al.，1995）[3,5,26,2]。

（一）企业社会绩效的研究

企业社会绩效是企业通过满足利益相关者的需要，承担社会责

① M. E. Porter. 1985. Competitive Advantage，New York Free Press.

② Penrose. E. T. 1959. The Theory of the Growth of the Firm. New York：Wiley.

③ Wernerfelt，B. 1984. A Resource － Based view of the Firm. Strategic Management Journal.，5：171－180.

④ Praharad，C. K. & Hamel，G. 1990. The Core Competence of the Corporation. Harvard Business Review. 68（3）. 79－91.

⑤ Barney，J. B. 1991. Firm resources and Sustained Competitive Advantage. Journal of Management，17：99－120.

⑥ M. W. Peng. 2004（a）. Identifying the Big Questions for International Business Research. Journal of International Business Studies. 35：99－108.

⑦ M. W. Peng. 2006. Global Strategy. Thomson South－ Westerm：Cincinnati.

任创造的社会效益的规模（Sethi，1976；Carroll，1979；Michel eta al.，1997）[1][53,31]。Wood（1991）[2] 认为，企业的社会绩效是一系列企业业务活动过程对社会环境的影响输出。企业社会绩效（CSP）的构成包括企业的社会责任（义务）（Corporate social responsibility，CSR1）、社会反应（CSR2）以及利益相关者（ST）关系（Carroll，1979；Freeman，1984）[59,30]。企业社会绩效的研究始终围绕上述三个方面，并探求企业社会绩效与经济绩效（或财务绩效）间的互动关系（McWilliams & D. Siegel，2000；A. J. Hillman & Gerald D. Keim，2001；S. Waddock & S. B. Graves，1997）[3][4][5]。

1．企业社会责任（Corporate Social Responsibility，CSR1）

企业社会责任是企业的经营决策与活动超越直接的经济或技术利益以及法律约束而承担的对企业利益相关者的责任或义务（Bowen，1953；Davis & Blomstrom，1975；J. Backman，1975；Carroll，1979；Freeman，1984）[6][7][8][53,30]。有关企业社会责任理论

---

① Sethi. S. P. 1979. A Conceptual Framework For Environmental Analysis of Social Issues and Evaluation of Business Response Patterns. Academy of Management Review Ml：63－74.

② Wood，D. J. 1991. Corporate Social Performance Re \ ished. Academy of Management Review. 16（4）：691－718.

③ McWilliams & D. Siegel. 2000. Corporate Social Responsibility and Finacial performance：Correlation or Misspecification? Strategic Management Journal，Vol. 21，No. 5 May. 603－609.

④ A. J. Hillman & Gerald D. Keim. 2001. Shareholder Value，Stakeholder Management，and Social Isuues：What's th Bottom Line? Strategic Management Journal，Vol. 2 Feb. ：125－139.

⑤ S. Waddock & S. B. Graves. 1997. The Corporate Social Performance－Finacial Performance Link. Strategic Management Journal，Vol. 18，No. 4.，Apr. pp：303－319.

⑥ Bowen，H. R. 1953. Social Responsibilities of the Businessman，New York：Harper & Row.

⑦ Davis，K. and Blomstrom，R. L. 1975. Business and Society：Environment and Responsibility（3rd ed）. New York：Mc Graw－Hill.

⑧ Backman，J. 1975. Social Responsibility and Accountability. New York：New York University Press.

内涵一直是人们争论的热点，众多学者从社会发展不同阶段的需要，以各自不同视角探析其实质内容与行动标准。"二战"前后，发展经济的理念主导企业的经营活动，认为企业作为投资人的受托资产管理者和经营者，应为企业的股东利益负责（Berle，1931；Friedman，1962；Hayek，1969）[1][2]。企业的功能是不断创造利润（Levitt，1958）[3]，过多承担社会责任会影响自由社会的基础（Frideman，1962）和企业盈利，从而损害股东利益（Hayek，1969）。也有学者认为，企业仅是生产经营工具，并不具有广泛的社会技能来解决公共问题，承担企业社会责任会将污染、产品安全和员工劳动保障内部化，从而提高企业的产品成本，影响企业的竞争能力（Stone，1975）[4]。与此同时，另有学者从资源的社会性提出，企业的经营活动不仅依托于投资人的专门资产，还占用社会其他公共资源，企业的行为会影响其他社会成员使用公共资源的效率（Dodd，1932；Bowen，1953；Davis，1960）[5][7][6]。

　　R. Ackerman & R. Bauer（1976）[7] 认为，企业的责任与义务（responsibilities or Obligation）不仅是生产产品创造经济绩效，而是满足社会的需要，因此企业社会反应更能体现企业管理者的决

　　① Berle，A. A. and Means G. C. 1932. The Modern Corporation and Private Property. New York：Macmillman.

　　② Friedman，M. 1962. Capitalism and Freedom. Chicago：University of Chicago Press.

　　③ Levitt，T. 1958. The Dangers of Social Responsibility. Harvard Business Review. 36（5）：41—50.

　　④ Stone，C. D. 1975. Where the Law Ends. New York：Harper and Row Publishers.

　　⑤ Dodd. 1932.

　　⑥ Davis，K. 1960. Can Business afford to Ignore Social Responsibilities? California Management Review. 2（3）：70—76.

　　⑦ Ackerman，R. W.，and Bauer，R. A. 1976. Corporate Social Responsiveness. Reston，Virginia：Reston Publishing.

策任务。S. P. Sethi（1975）①描述了企业社会反应的三个主题，包括社会义务（Social Obligation）、社会责任（Social Responsibility）和社会反应（Social Responsiveness）。企业的社会义务是指企业对市场要求和法律约束的反应；企业社会责任（Corportae social responsibility，CSR1）是企业作为社会经济主体在生产过程中建立的与其经营活动和生存环境密切相关的社会关系对应的责任或义务，是对存在于既有社会中的规范、价值和期望的遵守；对需要企业解决的社会问题作出反应被称作社会反应（corporate social responsiveness，CSR2），社会反应是企业作为一个长期动态环境中的成员，必须对社会压力作出的回应，而经济业务就成为一种期望的与预期的必然责任。

Carroll（1979）[53]在总结了以前学者的研究后，提出了企业社会绩效的三维概念模型，从而建构了企业社会责任理论研究的里程碑。Carroll（1979）[53]企业社会绩效模型的三个维度包括企业社会责任种类、涉及的社会问题和社会反应的哲理。在此，Carroll认为，企业社会责任包括经济、法律、道德和自愿的慈善责任四个类别。经济责任是企业设立之初的首要责任。企业设立的目的是为社会提供需要的产品和服务，并通过销售活动来盈利以使投资者获利，企业的全部功能都基于这一假设。企业的生产经营活动还必须在法律和社会规章制度框架内进行经营活动。经济与法律责任是企业的两个最基本责任。企业上述两种责任是嵌入在道德规范之中的，由于企业作为社会成员，还必须遵守法律以外的道德责任。自愿的慈善责任是指那些社会对企业行为没有设定清晰边界而完全凭企业自身的个人判断和选择，因而很难准确地描述具体内容，而完全是由企业自身根据社会角色的道德感知和自愿采取的博爱贡献行为，而非法律和企业经济期望。企业这四种责任随着企业的经济发展而不断上升，从最初的经济责任、法律责任、道

---

① Sethi，S. P. 1975. Dimensions of Corporate Social social Responsibility. California Management Review. 17（3），58—64.

德责任实现自愿的慈善责任。模型涉及的社会问题包括用户至上主义、环境保护、种族问题、生产安全、职业安全和股东权利。企业社会反应的价值观包括反应、抵制、融合与前瞻性活动。这一模型对应的设计安排表达了企业从一种经济责任到另一种道德责任，都必须考虑用户至上、生产安全等社会问题，而企业对这些社会问题的要求会采取反应、对抗（防护）、融合与前瞻等态度或方式作出战略选择。

Carroll 于 1991 年提出了社会责任的金字塔模型①，将经济、法律、道德与自愿的慈善责任内涵整合为一体，该模型引导了此后一个阶段企业社会责任领域的研究范式（Wood & Jones，1996：45）②，许多学者以这一概念框架为基础来探索企业社会责任在社会问题管理上的思考（Carroll & Buchholz，2000；2003；Jackson，Miller，and Miller，1997）③④⑤。

在这一模型中，Carroll（1991）具体阐释了四种社会责任种类的三个主要内涵，并将自愿的慈善责任称为博爱的责任，表达对良好企业公民的渴望。金字塔模型提出了四类责任分析的三个主要问题：（1）经济（Economic）、法律（Legal）、道德（Ethical）与博爱（Philanthropic）责任的关系与应用；（2）将博爱作为一个独立

---

① Carroll. A. B. 1991. The Pyramid of Corporate Social Responsibility: Toward the Moral Management of Organizational Stakeholders. Business Horizons (July/August): 39—48.

② Wood, D. J., and R. E. Jones. 1996. Research in Corporate Social Performance: What Have We Learned? In Corporate Philanthropy at the Crossroads, ed. D. R. Burlingame and D. R. Young (Bloomington, Ind.: Indiana University Press): 41—85.

③ Carroll, A. B., and A. K. Buchholtz. 2000. Business and Society: Ethics and Stakeholder Management (4th ed.) (Cincinnati: South—Western Publishing Co.)..

④ Carroll, A. B. 2003. Business and Society: Ethics and Stakeholder Management (5th ed.) (Cincinnati: Thomson—South—Western).

⑤ Jackson, J. H., R. L. Miller, and S. G. Miller. 1997. Business and Society Today: Managing Social Issues (Pacific Grove: West Publishing Company).

的责任类型加入模型；（3）经济、法律与道德责任不完全理论的未来发展。1998 年，Carroll 针对美国总统克林顿对企业提出的做好企业公民和社会责任的要求，对企业公民的概念做了四个维度的阐述，认为好的企业公民被期望是盈利的，满足经济责任需要；遵守法律，满足法律责任要求；遵守道德规范，具有道德责任。2003年，M. Scheartz & Carroll（2003）① 又进一步细化了社会责任的经济、法律和道德三个基本领域的责任内涵。经济责任的直接意义是盈利最大化或股票价值最大化，间接的意义是提高员工的道德行动与公众形象。法律责任包括三个一般含义：遵从、避免诉讼、对法律的预期的基本要求；道德责任是指被社会和利益相关者普遍期望的责任，主要是对国内与全球需要的反应，包括三个一般标准：传统道德标准判定的惯例（conventional）或可接受的规范；与结果（consequentialist）相关的道德权来提高人的善良品德；与结果对应的反应行为的责任或义务（deontological）。这三重责任交互影响，构成责任的 7 个范畴。在这个模型中，Schwartz 与 Carroll 进一步刻画了企业社会责任的标准与行动范式，从一个规范性（Normative）视野，企业的社会责任是以经济、法律与道德为核心向外扩散，以经济为基础，以法律为辅助，以道德为最终目的。这一模型揭示出企业社会责任其实质是道德规范的标准与范式。

尽管 Carroll 建构的企业社会责任理论框架不断发展，但并未脱离静态的经济、法律与道德三个范式。其他学者（Wood，1991；Jones，1995；Mitcheal，Agel，wood，1997；A. Mc Williams，Donald Siegel and P. M. Wright，2006)[58,7,73]②在对企业社会绩效（Carroll，1979)[53]、企业社会责任的金字塔模型（Carroll，1991)[88]和三个主要领域（M. S. Schwartz & Carroll，2003)[93]研究的基础

① M. S. Schwartz and A. B. Carroll, 2003. Corporate Social Responsibility: Atherr-Domin Approach. Business Ethics Quarterly, Vol. 13. Issue 4 1052—150 503—530.

② A. Mc Williams, Donald Siegel and P. M. Wright. 2006. Corporate Social Responsibility: Strategic Implications. Journal of Management Studies. 43: 1 January. 1—18.

上，对企业社会反应与社会绩效的内涵进行了广泛的探索。

2. 企业社会反应（Corporate Social Responsiveness，CSR2）

企业社会反应是指组织对社会问题的响应。组织通过顺应环境条件来获得生存与发展的可能条件，是企业社会绩效的重要组成部分（Carroll，1979；Wood，1991）[53,58]。Wood（1991）[58]认为，组织只有了解外部环境并作出反应才能适应环境。企业社会反应是描述企业对社会需求的响应过程，这一过程包括环境评估、利益相关者管理和社会问题管理三个视角（Wood，1991）[58]。企业的外部环境并不是单一的，而是存在诸多要素来源、过程、配置和影响，并且多变。社会、政治、法律环境都成为企业重要的经济与技术环境要素，这些要素的管理者构成了企业重要的利益相关群体，对利益相关者管理也就成为企业对主要政治、经济和技术环境要素资源的管理，包括对企业经营活动社区关系的管理、企业的慈善事业、对压力的反应、国际利益相关者管理，以及企业与政府关系，包括企业政治活动等。社会问题管理属于企业社会绩效的一个层面（Wartick & Cochran，1985）[96]，并从政策开发来解决社会问题。社会问题管理进一步划分了社会问题识别、社会问题分析与解决问题的政策开发。因此，这一定义包含深刻的政策制定过程导向。社会反应过程提供了社会绩效模型的规范要素和企业社会责任的概念。这一领域研究的问题主要包括反应的领域、反应的模式、反应的工具，即企业会对哪些环境压力作出反应，如何分析企业的环境威胁与机会，如何对环境和社会需求作出反应。反应循环的演化，即用于开发和实施责任政策的管理过程。有效的反应包括对反应的评价以及需要考虑的利益相关者利益。制度化反应包括企业对标准化经营程序的反应过程？社会反应过程与公司政策的关系等。这些问题的解析构成了企业社会反应的基本内容。

企业活动结果包括社会影响、社会程序和社会政策三个方面。公司行为对社会影响主要是企业生产周期对周围环境的影响。社会影响研究主要关注于企业社会责任的反应要素，包括对灾难、溢油、有毒废物、有害产品、对政客的非法支出、败德以及商业行为的负面社会影响。学者将大量的有关企业社会影响亦包括在企业社会责任研究领域（Blake，Frederick ＆ Myers，1976；Dierkes ＆ Antal，1986）①②，并作为社会绩效指标对企业行为加以评估。社会程序主要是指企业活动程序和政策，包括对实现具体结果的项目投入和对制度化企业社会责任制度建立的政策制定以及企业社会反应过程。企业社会政策指导企业的战略制定，广泛的企业政策和全面的制度化管理与经营成为企业社会责任和社会反应过程建构的社会成果的基础。

3. 企业社会绩效（CSP）

企业通过战略行动履行对利益相关群体应尽的责任，从而提升社会总体福利水平，被称作社会绩效（corporate social performance，CSP）。Wood（1991），认为社会绩效是组织活动过程中对周围环境产生的影响。因此，社会绩效的界定和测量就成为学者不断探索的课题。

以 Carroll（1979）[53]的社会责任、社会反应与社会问题三个企业社会绩效维度模型为基础，Jones（1979）③ 提出了社会控制理论作为企业与社会问题研究的变量。Wartick ＆ Cochran（1985）④ 在 Carroll（1979）[53]研究成果基础上，定义企业社会绩效模型是由经济责任、公共政策和社会反应三个相互对抗的视角组成，是"基于企业社会责任原则、社会反应过程以及解决社会问题政策的发展之间相互作用"。Wood（1991）[58]认为，如果 Wartick ＆ Cochran

---

① Blake，D. H. ，Frederick，W. C，＆ Myers，M. S. 1976. SociaJ auditing：Eraiuating tiie impact of corporate programs. New York：Praeger.

② Dierkes，M. ，＆ Berthoin Antal，A. 1986. Whither corporate social reporting：Is it time to legislate? Cal Uomia Management Review. 28（3）：106－121.

③ Jones．T. M，1979. Corporate governance：Who controls the large corporation? Hastings Law Journal 30：261－1286

④ Wartick．S. L.．＆ Cochran．P. L. 1985. The Evolution of the Corporate Social Performance Model. Academy of Management Review. 10：758－769.

(1985)[96]的定义能够进一步阐释驱动原则和行为过程，那么，企业社会绩效可以被定义为：一个商业组织对社会责任原则、社会反应过程和程序以及有关企业社会关系的相关产出成果的结构。这样，评估一个企业的社会绩效就需要研究者检验代表公司的社会责任驱动行动程度；企业用于社会反应过程的程度，现有政策性质和管理企业社会关系的程序设计以及企业活动、流程和政策的社会影响。因此，Wood（1991）[58]提出企业社会绩效的评估必须包括这三方面的要素：原则、过程与结果。

Wood（1991）[58]提出了测量社会绩效模型，这一模型包括企业社会原则、企业社会反应过程和企业活动结果三个维度。企业社会责任原则包括制度原则、组织原则和个体原则三个层面。其中制度原则主要涉及合法性问题，在 Wood（1991）[58]看来，社会承认对企业的合法性与权威。在长期的经营活动中，那些不承担权力赋予的责任义务的社会成员将会失去权力的威力（Davis，1973）[①]。合法性从制度视角制止了企业社会责任的争论——如果企业需要社会合法性才能生存，那么能否生存的调查就需要解析二者区别与联系，如果严重冒犯社会成员的企业仍能够生存，那么就会涉及社会制度与道德环境的因素。组织原则主要是公共责任的原则，企业要对其经营活动和对社会输出成果担负责任，这一原则主要应用于组织层面，建立在企业具体环境及其与环境间的关系，关注于组织的行为参数。个体层面主要是管理者的辨别力，管理者是有道德的参与人，在每个企业社会责任活动范围内，管理者都有义务运用辨别力实现社会责任成果，这一原则主要关注个体层面，建立在组织内的成员上，关注于选择、机会与个人责任，认为管理者是有道德的成员，能感知责任并在对社会责任服务中作出选择。

从 Wood（1991）[58]的企业社会绩效（CSP）模型可以确定，企

---

① Etavis, K. 1973. The Case for and Against Business Assumption of Social Responsibilities. Academy of Management Joumal. 16：312－322.

业社会绩效是企业各类行动对利益相关者和社会以及企业自身的产出。这种归纳不再局限于管理学、经济学与哲学观念有关组织孤立和自闭的假设，而是建立在广泛的开放的组织系统的假设上（D. J. Wood，2010）[①]。

（二）利益相关者理论（Stakeholder theory）

Carroll（1979）提出社会绩效模型，将顾客、环境、种族问题、产品安全、职业安全和股东利益作为企业的社会反应对象列入了企业社会绩效范畴。这些利益相关者是受企业的经营活动影响或影响企业的经营活动的个人或团体组织（Freeman，1984）[30]，是企业社会责任的重要对象，也是企业社会绩效和合法性的重要来源。Jones（1980）[②]认为，企业社会责任是企业对社会中的选民群体（constituent groups）应尽的义务和责任。这些利益相关者掌握着企业经营活动所需要的重要资源，因此对企业的生存与发展至关重要（R. Mitchell & G. Wood，1997）[31]。Penrose（1959）[66]在《企业成长理论》一书中将企业确定为"人力资产和人际关系的总和"，阐释了利益相关者对企业成长的重要作用。此后，众多学者对这一议题进行了多视角讨论。Jones（1980）[101]指出："相关利益会超出纯粹的所有权。"

Donaldson & Preston（1995）[109]认为，利益相关者理论含有三个不同的类型：一是描述性或经验主义（Descriptive/empirical）；二是工具性（instrumental）；三是规范性（Normative）。描述性或经验主义理论旨在描写或揭示企业及其管理者的实际管理活动；工具性理论的目的在于阐述如果管理者采取一定的管理方式会产生的结果；规范性理论是有关企业或管理者行为的道德正当性。Donaldson & Preston（1995）[109]指出，Freeman 及其同事（Evan

---

① D. J. Wood，2010. Corporate social performance Revision.

② Jones，T. M. 1980. Corporate social responsibility revisited，redefined. California Management Review，22（3）：59—67.

& Freeman，1993；Freeman & Gilbert，1987；Freeman & Reed，1983)①②③。将三个理论整合进利益相关者概念，描述管理者与利益相关者关系及其管理原则，而规范性定义以其全部内涵形式支持了利益相关者的定义。因此，大量学者都从规范视角来深入分析利益相关者的与企业的关系。

一些研究人员从狭义的道德与伦理规范视角将利益相关者定义为"在任何情况下寻求合法性（Legitimate）的规范的核心"。因此，有效的管理利益相关者的界定就确定在对企业是否具有合法性要求范畴（Freeman，1984；Freeman & Evan，1990；Thompson et al.，1991；Hill & Jones，1992；Danaldson & Preston，1995 Carroll，1991；1993；Starick，1993；1994；Clarkson，1994；1995；Suchman，1995)[30][4][5][106,110][6][7][8][9]。学者从对企业的影响程度来确定利益相关者。认为拥有权威（Power）的群体应成为企业关注的

---

① Evan，W，M.，& Freeman，R. E，1988. A stakeholder theory of the modern corporation：Kantian capitalism. In T. Beauchamp & N, Bowie (Eds,), EfhicaJ theory and business：75－93.

② Freeman，R. E,，& Gilbert，D，R，，Ir，1987，Managing stakeholder relationships. In S. P, Sethi & C. M. Falbe (Eds.), Business and society：397－423..

③ Freeman，R. E.，& Reed，D. L. 1983. Stockholders and stakeholders：A new perspective on corporate governance. California Management Review，25（3）：88－106.

④ Freeman，R. E，& Evan，W，M. 1990. Corporate Governance：A stakeholder Interpretation. The Journal of Behavieral Economics. 19（4）：337－359.

⑤ Carroll，A. B. 1991. The Pyramid of Corporate Social Responsibility：Toward the Moral Management of Organizational Stakeholders. Business Horizons（July/August）：39－48.

⑥ Carroll，A. B. 1993. Business and Society：Ethics and Stakeholder Management. 2nd ed.. Cincinnati：South－Western College Publishing.

⑦ Starik. M. 1993. Is the environment an organizational stakeholder? Naturally! In J. Pasquero & D. Collins (Eds.), Proceedings of the Fourth Annual Meeting of the International Association for Business and Society：466－47 L San Diego.

⑧ Starik，M. 1994. Essay by Mark Starik. Pp. 89－95 of The Toronto Conference：Reflections on Stakeholder Theory. Business & Society，33：82－131.

⑨ Suchman. M. C. 1995. Managing legitimacy：Strategic and institutional approaches. Academy of Management Review，20：571－610.

重要成分（Freeman，1984；Freeman & Gillbert，1987；Carroll，1993；Starick，1994）[30][1][2][120][122]。而一些学者注意到，在有些状态下，一些利益相关者的诉求必须引起企业的直接关注（Weiss，J. W. 199；Hill & Jones，1992；Williamson，1985）[3][106][4]。Mitchell，Agle & Wood（1997）[31]基于利益相关者规范性理论假设，从各种利益相关者理论的文献中归纳出利益相关者的三个属性：一是利益相关者的权力（Power）对企业的影响；二是利益相关者与企业的合法性（Legitimate）关系；三是利益相关者对企业要求的紧迫性（Ugency）。权力（Power）是"在一个社会系统中的成员必须处于一定地位来实现自己的愿望而不顾及反抗（Weber，1947）"[5]。或者说，"社会成员中的某个个体要求另外一个个体无条件完成一些事务的关系（Pfeffer，1981）"[6]。这种关系表达出权威是个体所拥有的支配他人来实现渴求成果的能力。按照在组织环境中权威的来源，权力可以分为三类：第一，来自身体力量的暴力或束缚的强制性；第二，基于物质或资金来源的功利性；第三，基于信号来源的规范性。Mitchell，Agle & Wood（1997）[31]认为，一个群体对某种关系拥有支配权既能够获得强制（Coercive）、功利（Utilitarian）或规范性（Normative）的权力（Power）来实现他

① Freeman，R，E．，& Gilbert，D．R．1987. Managing stakeholder relationships. In S. P. Sethi & C. M. Falbe（Eds.），Business and society：Dimensions of conflict and cooperation，397—423.

② Freeman，R，E，& Gilbert，D，R，，I．1987. Managing Stakeholder Relationships. In S，P，Sethi & C．M．Falbe（Eds.），Business and society：397—423. Lexington，MA：Lexington Books.

③ Weiss，J．W．1994. Business Ethics：A Managerial，Stakeholder Approach. Belmont，Calif．Wadsworth Publishing Co.

④ Williamson，O．E．1985. The Economic in Stitutions of Capitalism. New York：Free Press.

⑤ Weber，M．1947. The theory of social and economic organization. New York：Free Press.

⑥ Pfeffer，J．1981. Power in Organizations. Marshfield，MA：Pitman. .

在关系中的愿望。但获得权力的路径方法是一变量，可以获取也会失去，在长期的运营中，对那些有责任要求而并不去履行的拥有权力者会失去权力。因此，权力并不是稳定的，在有些状态下会发生转移。对企业来说，利益相关者控制着企业生存与发展依赖的资源，对企业的行为合法性有着评估的权威性，企业行为的合法性决定利益相关者权威对企业所需资源的支持程度。因此，利益相关者从规范层面评估着企业的行为，进而控制着企业的资源。

合法性（Legitimacy）是利益相关者理论的核心。Suchman（1995）[52]指出："合法性是指在一个由社会规范、价值、信念与定义建构的开放系统中，认为一个主体的行为是合理的、恰当的或者是正确的、有价值的。"并将合法性区分为实用、道德和认知三个类别属性。这一定义对于利益相关者与合法性的关系分析具有十分重要的作用。由此可以发现，无论从产权还是道德要求以及对"真正被关注的"利益相关者的原则，都是以合法性为基础的。合法性与权力的区别在于，权力是一种强制性或依赖性关系，而合法性是社会成员的规范核心。以合法性为基础界定利益相关者概念假设，合法的利益相关者必然是强有力的（Powerful），强有力的利益相关者有时也必然拥有合法性。Mitchell，Agle & Wood（1997）[31]从 Weber（1947）[128]的命题中获得启发，Weber（1947）[128]提出，合法性与权力的不同属性可以融合产生权威（authority）而独立存在。一个主体可以在社会上合法存在或者对企业拥有合法要求，那么他既要拥有权力在关系中实现愿望，又能够感知他的要求具有紧迫性，否则无法凸显在管理者的思考中（Suchman，1995）。Mitchell，Agle & Wood（1997）[31]认为，利益相关者的凸显性理论要求关注于每个利益相关者与管理者关系的合法性。Wood（1991）[58]在对社会绩效的评价中认为合法性是基于个体、组织与社会成员之间的关系建构的一种令人向往的社会善德（Desirable social good），要比一个纯粹自我感知的事务更宽广并拥有更多分享，可以在不同社会组织层次上进行界定与协商。

利益相关者的紧迫性（Urgency）是"引起直接关注的"或"紧急的"，是权威性与合法性属性之外，对于管理者具有动态的凸显意义的利益相关者。紧迫性与"令人瞩目的（Compelling）"、"强劲的（Driving）"、"急需的（Imperative）"具有相同含义。如果关系或要求具有时间敏感性以及当关系或要求对利益相关者是重要与关键的，紧迫性利益相关者就会产生。它具有以下属性：第一，时间敏感性（Time－sensitivity）——管理者滞后处理将不会被接受，第二，关键性（或重要性，Criticality）——要求或者对利益相关者的关系的重要性。[31] Mitchell，Agle & Wood（1997）将利益相关者的紧迫性属性从静态观模型转移到动态观上，并认为，紧迫性是利益相关者的要求引起直接关注的程度。引起企业必须予以关注的重要的利益相关者关系包括：①企业所有者（Ownership），利益相关者所拥有的企业具体资产，或者企业不能损失价值的方式使用的，对于既有利益相关者关系非常低成本的；②情感（Sentiment）——在一个家庭中嗷待所有者普遍持有的很容易被交易，而不管股票的绩效；③期望（Expectation）——利益相关者对企业持续提供的大量价值的预期；④披露（Exposure）——重要的利益相关者伴随着与企业的关系处于一种风险之中。Mitchell，Agle & Wood（1997）[31] 对利益相关者的凸显性理论研究并非是详细说明利益相关者与企业关系的重要性，或者预知企业需要关注利益相关者的时间精确性，而是希望捕捉到与权力、合法性具有相同意义的紧迫性的各种属性利益相关者识别的动态意义。这样，由于利益相关者的动态性，对于管理者来说，就成为一个变量：利益相关者属性是社会建构的而不是客观的、实际的，意识和愿望可能并没有体现。因此，权力获得的方式对另一主体的行为影响即成为一个变量，既有间断性也有连续性。一个拥有权力的主体可能对企业产生影响，这些利益相关者会采取强迫性或功利性以及规范性的权威来迫使企业遵从权威要求。合法性与权力相同，对企业的行为影响也构成一个变量。管理者会感知到利益相关者的合法性，合法性对利益相关者的凸显性依赖于与权力和紧迫性两种属性的互动——合法性通过权力（Power）来获得权利（Rights），并通过紧迫性获得关注。这三种利益相关者属性的特征——变量状况（Variable status）、知觉质量（Perceptual Quality）以及变量意识（Variable consciousness）和意愿（Will）为利益相关者与管理者动态关系的研究奠定了根本性基础。

到目前为止，规范性与工具性以及描述性理论一直是利益相关者理论研究的重点，并发展成为高级利益相关者理论（B. R. Agel，T. Donaldson，R. E. Freeman，Michael Jensen，R. K. Mitchell & D. J. Wood，2008）[①]。从 AMJ（Academic Management Journal）\ SMJ（Strategiy Management Journal）\ BEQ（Business Ethics Qiartely）\ AMR（Academy Management Review）等。从国际顶级学术期刊有关利益相关者理论的研究可以发现，学者普遍从三个视角来探求利益相关者与企业之间的关系：一是股东与利益相关者之间的对垒关系（Stockholder vs. Stakeholder）；二是从规范性视角；三是从工具性视角[109,130]。在股东与利益相关者之间的利益对抗分析方面，研究主要在于阐释股东与利益相关者的相关贡献与特权，目的旨在优化两者之间的衔接。工具性理论研究主要假设：如果利益相关者敏感性管理较好，股东管理也会较好。研究发现，有或没有关注一个利益相关者企业绩效都非常相近。这表明，利益相关者管理并不能损害股东利益，同时会有助于扩大选民的支持。规范性理论研究主要关注四个领域问题：一是规范性利益相关者的理论基础，如何帮助商业道德领域在管理过程中提供有用的伦理见解；二是利益相关者与股东对抗如何在市场失效社会中提供利益相关者反应行动的

① B. R. Agel，T. Donaldson，R. E. Freeman，Michael Jensen，R. K. Mitchell & D. J. Wood. 2008. Dialogue：Toward Superior Stakeholder theory. Business Ethics Quarterly，Vol. 18，Isuess，2，Issn. 1052－150：153－190.

规范理由；三是利益相关者理论如何提供管理者能用于管理好组织的思想和框架；四是是否能将来自其他领域或本土的好的理论与方法用于世界范围的利益相关者理论的学术研究，或者发展利益相关者理论。利益相关者的规范与工具性理论研究主要观点归纳如下（见表 2.2）：

表 2.2　　　　利益相关者理论的研究范畴与主导思想

视角	主要工作	代表作者	发表年度	发表期刊
规范性利益相关者理论与股东理论的对抗	受托人责任要求对股东的财务利益要关心、忠诚、诚实正直，这一义务与利益相关者的规范目标并不冲突	Marens & Wicks	1999	BEQ
	企业股票持有者具体道德状况与利益相关者理论的道德不完整共生	Marcoux	2003	BEQ
	诚实与自由是寻求商业与道德整合的最佳状态	Freeman, Wick & Parmer	2004	Organization Science
	两个极端：狭义概念认为固有理念是受托人义务趋向于股东，广义概念关注于市场失灵	Heath	2006	BEQ

续表

视角	主要工作	代表作者	发表年度	发表期刊
工具性利益相关者理论	发现了属性与凸显性的有力支持，以及 CEO 价值、凸显性与企业社会绩效之间的显著关系，但并没有发现凸显性与财务绩效之间的关联	Agle, Mitchell & Sonnenfeld	1999	AMJ
	提供支持战略利益相关者管理模型的成果但并没有获得内在的利益相关者承诺模型的支持	Berman, Wicks Kotha & Jones	1999	AMJ
	研究检验制度影响与股东代表利益相关者关系	Luoma & Watson	1999	AMJ
	发现了利益相关者管理导致股东价值提高以及社会问题参与会负面影响股东价值的证据	Hillman & Keim	2001	SMJ
	全面总结出利益相关者导向与股东导向之间不存在显著差别的股东回报	Omran, Atrill & Pointon	2002	Business Ethics：An European Review
	使命陈述包含的语意引指被作为企业的根本原则指导公司对利益相关者的关系管理会产生对企业财务绩效的显著影响：对员工的关切、在企业经营过程中承担社会责任以及强调或传递企业价值体系	Bartkus, Glassman & Mcafee	2006	EMJ

视角	主要工作	代表作者	发表年度	发表期刊
高级利益相关者理论	整合各种利益相关者理论概念的分支为一个全面的图景	Donaldson	1999	AMR
	扩展社会与企业之间契约关系，认为商业道德比一套固定的宣讲更能分享和理解	Donaldson & Dunfee	1999	HBS Press
	寻求影响企业战略决策的利益相关者类别，利益相关者有哪些可用于影响战略的类型以及决定利益相关者选择应用的类型的决定因素	Frooman	1999	AMR
	规范性与工具性利益相关者理论的整合	Jones & Wicks	1999	AMR
	以管理者与利益相关者关系为广阔背景开发出组织身份识别的框架模型，有效整合了组织身份与组织识别的理论	Scott & Lane	2000	AMR
	整合不同领域理利益相关者理论研究来发展出一个可描述的利益相关者理论	Jawahar & McLaughlin	2001	AMR
	利益相关者义务产生直接的道德规范义务	Phillips	2003	Berrett—Kohler

续表

视角	主要工作	代表作者	发表年度	发表期刊
高级利益相关者理论	企业社会责任必须考虑企业与利益相关者的路径依赖关系，并开发出利益相关者影响能力的架构	Barnet	2007	AMR
	从欧洲的案例研究提出企业在公司治理中短期的凸显利益相关者理论	Vilanova	2007	EMJ

资料来源：B. R. Agel，T. Donaldson，R. E. Freeman，Michael Jensen，R. K. Mitchell & D. J. Wood，2008，笔者做了部分调整。

从表2.2可以发现，利益相关者不仅从制度层面提供企业的权威与合法性来源，为企业和社会制度化发展提供支持，而且利益相关者管理过程与成果是企业社会绩效的重要组成。利益相关者中的社区环境是企业可持续发展关注的焦点问题，解决企业社区环境的生态状况和社区贫困与公平问题在不发达地区仍未形成经济与社会成果间的良性互动，这成为全球化中企业可持续发展面临的重大挑战。

（三）企业社会绩效与经济绩效的关系

企业社会绩效是企业各类活动形成的对社会、利益相关者和企业自身产生影响的产出（Wood，1991）[58]。Wood（1991）[58]认为，企业社会绩效（CSP）是企业各类行动对利益相关者和社会以及企业自身的产出。对企业社会绩效的测量主要关注企业社会责任活动的过程及其评估（D. J. Wood，1991）[58]。企业的经济绩效主要指财务上的成果，如销售增加、应收账款周转率提高、净资产收益率上升、资产规模扩大等，这些财务指标代表了企业的经营活动的盈利能力、管理能力和成长能力。经济绩效是企业全部社会绩效的一个构成维度。有些研究模糊了企业社会绩效与经济绩效之间的关系而受到误导。对企业经济绩效与社会绩效间的关系研究并置在一起，即将"做善事"与"做好事"相割裂，分别予以关注，是组织对不同利益相关者对资源需求相抵触时的一种关切[58]（D. J. Wood，1991）。

研究表明，关注利益相关者的企业会带给企业更大的盈利能力[7]（Jones，1995）。学者们通过实证分析发现，积极地社会责任形象能够使企业获得持续的竞争优势（Gupta，2002）[①]，企业的慈善行为能够提升企业的战略价值（Porter & Kramer，1995）[27②]，企业通过战略活动选择恰当方式承担社会责任，不仅能够改善社会福利，同时也能带给企业绩效提升（Husted，2003）。但也有研究发现，企业社会绩效在部分环境中并没有相应提高企业的经济绩效。人们一方面把它归纳为测量方法的问题，另一方面归结为制度差别。表 2.3 归纳了企业实施社会责任带给企业绩效的影响结果。从这些文献中可以发现，早期的大部分研究一般从事件分析上发现企业对利益相关者管理带给企业的绩效的影响，后期的研究文献大多采用计量经济学方法，通过对样本的统计回归分析社会绩效与企业经济绩效之间的关系。实证研究结果表明，企业社会绩效有助于降低企业风险，提高企业的盈利能力，增加股东财富，获得企业的道德资本。

表 2.3　　　　企业社会责任与企业绩效的实证研究

作者	研究方法	研究对象	研究发现或结论
Abowd et al.，1990	事件研究	人力资源决策	对股票价格增减无一致性
Worrell et al.，1991	事件研究	解雇计划	投资者对解雇声明产生负面反应；特别是由于财务困境之时
Clinebell et al.，1994	事件研究	工厂关闭	长期关注工厂关闭会导致股东财富的损失

---

① Gupta，A. K. & Govindarajan，V. 1985. Linking Control Systems to Business Unit Strategy：Impact on Performance . Accounting Organizations and Society，10（1）：51—66.

② Husted，B. W. and De Jesus Salazar，J.（2006）.'Taking Friedman seriously：maximizing profits and social performance'. Journal of Management Studies，43，1，75—91

续表

作者	研究方法	研究对象	研究发现或结论
Posnikoff, 1997	事件研究	从南非剥削现象	剥削会增加股东价值
Wright et al, 1997	事件研究	从南非剥削现象	剥削会对股东价值带来负面影响
Teoh e tal, 1999	事件研究	从南非剥削现象	剥削会对股东价值带来消极影响
Apperle et al, 1985	回归分析	全部企业层面CSR指数	以前的盈利会与比随后的绩效与 CSR 更密切相关
Russo & Fouts, 1997	回归分析	环境绩效	环境绩效与财务绩效显著正相关
Woddock et al, 1997	回归分析	CSR－KLD指数	CSR 导致企业绩效提升
McWilliams & Siegel, 2000	回归分析	CSR－KLD指数	CSR 与盈利能力之间具有消极关系
Hillman & Keim, 2001	回归分析	社会问题 CSR 与利益相关者管理 CSR－KLD 指数	利益相关者管理的社会责任与股东财富创造具有显著正向关系（市场价值增加），而社会问题的社会责任却没有
Godfrey, Merrill & Hansen, 2009, SMJ	回归分析	CSR 与利益相关者管理 CSR－KLD 指数	有企业社会责任企业对负面事件发生时有预先建构的道德资本担保，减少了股东价值的损失：制度 CSR 参与对财富安全有正向显著影响，而对竞争力无显著影响。技术 CSR 参与对两者均无影响。制度 CSR 活动对企业价值创造有影响，而技术 CSR 活动影响不显著

作者	研究方法	研究对象	研究发现或结论
Choi & Wang, 2009	回归分析	KLD−ROA	与利益相关者建立的良好关系有助于报纸企业持续较高的盈利，而技术知识的影响并不显著；而对绩效不好的企业，良好的利益相关者关系会有助于恢复盈利；既没有好的利益相关者关系不可能从以前的困境中迅速解脱

资料来源：Abagail McWilliams，Danald S. Siegel and Patrick M. Wright，Corporate Social Responsibility：Strategic Implications，Journal of Management Studies 43：1 January 2006，Guest Editors' Intruduction. 笔者添加整理。

表 2.3 的研究说明，企业社会责任与企业财务绩效之间具有密切相关性，企业的财务绩效有助于企业社会绩效的提升，反过来，企业通过对利益相关者的良好关系能够建构良好的财务绩效。

三、企业使命陈述与绩效关系的相关研究

人们一致承认，企业的使命陈述对企业具有重要意义，但从 Drucker（1974）提出企业的使命的概念以来，对使命陈述与企业绩效之间关系的揭示始终处于模糊状态。一种结论认为，企业是否拥有使命与企业的财务绩效没有关联，这一结论来自对拥有使命陈述的企业和没有使命陈述企业的财务绩效之间的对比分析

(Klemm & Sanderson, 1991；David, 1989；Bart & Baetz, 1998；Bart, 1997a)①②③④。这类分析目的是探索使命陈述要素的合理性，研究内容是对使命陈述包含的要素成分和结构的必要性进行的确定性测量。另一种观点认为，企业使命陈述是企业战略的起点，传递企业的价值和信念，是企业的利益相关者（顾客、股东、伙伴社区）认识与了解企业的途径，能够激励企业的员工凝聚在一起，为企业的目标而共同努力（Irland & Hitt, 1992)[17]。因此，使命陈述对利益相关者的关注和价值信念以及战略决定了企业使命陈述的质量（Bartkus et al., 2006)[19]与合理性（Bart, 2001)[25]，从而判定企业使命陈述的价值信念和行为、绩效之间具有相关性（Bart & Baetz, 1998；Bart et al., 2001；Bartkus et al., 2005；2007)[23]⑤。以往学者有关使命陈述构成要素与绩效关系和使命作为战略管理工具对企业绩效关系的分析与结论归纳如表2.4。

这一归纳为我们了解使命陈述内容及其作为战略管理工具与企业绩效之间的关系提供了一个窗口。

① Klemm, Sanderson 7 Luffman. 1991. Mission statements: Selling Corporate Values to Employee. Long Range Planning, Vol. 24. No. 3. PP 73—78.

② David. 1989. How Companies Define Their Mission. Long Rang Planning, Vol. 22, No. 1. PP: 90—97.

③ Bart 7 Baetz, 1998. The Relationship Between Mission Statement and Firm Performance: An exploratory Study. Journal of Management Studies. 35: 6 November. (0022—2380). 823—852.

④ Bart. 1997. Sex, Lies, and Mission Statement. Business Horizons, November—December.

⑤ Bart, Bontis & Tagger. 2001. A model of the Impact of mission statements on firm performance. Management Decision. 39/1 19—35.

表 2.4　　　　企业使命陈述与绩效关系研究的归纳

类别 1	基于要素内涵的分析						
代表作者	研究问题	因变量	自变量	研究方法	样本来源	结论	局限性
David, 1989	内容及其与绩效关系	销售、资产、利润、EPS \ 10 年均值，ROI/10 年均值	有使命与没有使命企业归类	问卷，t-value	商业周刊 1000 中 181 名企业经理	没有包括 9 种要素的企业与建立使命的企业在绩效上没差别	没有实际关系测量
Klemm & Sanderson, 1991	拥有使命陈述与没有使命陈述企业的绩效对比	财务绩效员工回报率、盈利	使命陈述要素	问卷		绩效与使命无关	
Baetz & Bart, 1996	使命陈述的要素内容及其作用与性质	财务绩效：销售、盈利、ROA、ROS，销售变动、盈利变动，来自新产品与服务的销售管理者对使命陈述的满意	使命陈述 9 要素，使命的类型：使命、战略目标、规划、业务定义	问卷，频率百分比对比分析	加拿大企业 1992 — 1993 年 135 家企业	利益相关者是使命陈述的重要成分	没有建立使命与绩效之间的测量关系，而是基于比较的分析

续表

代表作者	研究问题	因变量	自变量	研究方法	样本来源	结论	局限性
Bart & Baetz, 1998	高绩效与使命陈述的相关性	财务绩效：ROA、ROS、年销售变动、年盈利变动、满意	目标、价值观、利益相关者、目的、战略、评价、满意	问卷调查，Correlation analysis.	加拿大500强中的136家上市企业	价值观、利益相关者与企业行为有较弱相关性，其他要素与使命不相关	测量变量要素与结构内容混合，结果模糊。无法分清相互作用机制
Bart, 1997a	识别不同产业使命要素差别及其清晰度对财务绩效和行为影响	财务绩效：ROA，ROS，销售变动、盈利变动	25要素中的16要素	问卷，频率 t－test	1995 年，44 北美产业	识别利益相关者、非财务目标和业务定义的清晰度与绩效显著正相关，生存对绩效存在正、负相关性，其他要素与绩效无关	结果模糊，无法直接解释使命要素与绩效关系
Peace & David, 1987	8 要素与绩效关系	财务绩效	受访者对8要素肯定百分比	问卷访问（是\否）	财富500企业	包含8要素的3个与企业财务绩效显著正相关	没有控制变量，方法简单，无法测量是否企业绩效来自要素的直接影响

类别 2	基于管理工具的分析						
代表作者	研究问题	因变量	自变量	研究方法	样本来源	结论	局限性
Bart, 1996	高技术企业与低技术企业使命陈述内容及特征与绩效之间的差别	财务绩效：ROA，ROS，销售增长、盈利增长	使命的行为驱动	问卷:15个活动与行动,10个驱动。10点测量 ANOVAs, t—test	加拿大75家大企业高管	10个行为驱动中仅有5个在财务绩效上显著，9个对员工行为存在影响	要素较多,测量结果模糊
Bart, 1997b	使命陈述的目的驱动与指导利益相关者与资源配置	使命满意	对利益相关者目的驱动与资源配置	问卷 Correlation analysis 相关性	136家加纳的公司	没有忽略重要利益相关者,78%关注顾客,52%员工,41%股东,33%社会,21%供应商	回答对利益相关者的影响模糊
Lance leuthesser & Chiranjeev kohli,1997	识别使命陈述关注的利益相关者及企业对其影响	顾客、股东、员工、供应商识别	利益、价值、企业自我形象和关注简明清晰度	比率分析	1988—1994年商业周刊1000企业CEO问卷,393企业年报	价值观的公平、诚信对顾客和伙伴长期承诺、人力资本关系提高较强相关性	缺乏作用机制分析

代表作者	研究问题	因变量	自变量	研究方法	样本来源	结论	局限性
Bart，Bontis & Taggar，2001	使命陈述的合理性与绩效关系路径测量；揭示为什么使命与财务绩效没有直接关系，考察扩大绩效范围的结果	结果、含义、一致性、满意、行为、承诺、绩效（财务绩效：销售、盈利、增长和边际的满意度）	合理性、结果、结果、方法、一致性、满意、行为、承诺	问卷，PLS偏最小二次方的结构分析	23美国，60加拿大企业	使命陈述合理性对结果与含义具有显著正影响，结果和含义对一致性和满意具有显著正影响，一致性和满意对行为与沟通具有显著正影响，沟通对行为具有显著影响，行为对绩效具有显著影响	中介成分过多，路径过长

代表作者	研究问题	因变量	自变量	研究方法	样本来源	结论	局限性
Bartkus myron Glassman & McAFEE, 2006	使命陈述质量（包括对利益相关者、要素和目标的实现和财务绩效关系）	财务绩效：ROA,ROS	使命质量：利益相关者关切、包含要素、目标实现。	有要素成分与没有企业绩效，t—value	2001全球财富500强中前22欧洲，15日本，19美国。	大部分使命陈述要素与财务绩效无关，而一些对员工关切、对社会负责和注重价值体系的沟通等经营规则与财务绩效显著正相关	方法简单，没有排除其他干扰项
Bartkus & myron Glassman, 2007	测量使命陈述作为行为指导和印象工具对利益相关者关切与社会绩效关系（控制行为和目标）	社会绩效：2000，2001KLD指数中产品、员工、多样性、社会、环境优势得分	使命陈述要素中过去对顾客、员工、多样性、环境、社区关切	使命陈述包含KLD对应成分与忽略企业的Levith t—value	2001财富500强中的top100.	对使命陈述对多样性的关切和环境关切的实际社会绩效并不高。合法性是企业在使命陈述表达对利益相关者和多样性问题的驱动	对合法性分析来自推断，没有实际测量

（一）使命陈述的构成要素与绩效关系的研究

使命陈述的内涵一直是学者争议的内容，因此哪些成分构成使命陈述的有效内容，成为测量使命陈述与绩效关系的主要问题。

Peace & David（1987）认为，使命陈述提供了战略决策制定的基础，会提高组织的财务绩效。基于以往研究的理论，Peace & David 确定使命陈述的具体成分包括目标顾客和市场、确定主要的产品与服务、具体的地理区域、确定核心技术、对生存\成长和盈利的承诺、公司哲学、定义企业的自我概念以及企业对公共形象的渴望8种要素。基于这8种要素成分，Peace & David（1987）调查了财富500强中的218家企业，通过问卷回收信息分析了使命陈述8要素与财务绩效间的关系，发现企业哲学、企业的自我定义和对公众形象的渴望对财务绩效的高低具有较大影响，而顾客\市场、产品\服务、地理区域、技术和对生存关注在绩效高低上没有差别。Cochran、David & Gibson（1987）通过对美国企业和大学访谈，从企业使命的导向、要素、沟通、含义、应用上确认了顾客、产品与服务、市场、技术、对生存的关切、哲学、自我定义和对公众形象的关切等8个主要要素，认为这8个要素决定了企业的成功，并从对这8要素的理解和认知上，确定使命能定义企业的持续能力，指导企业对外的沟通和激励管理者的行动。然而，David（1989）通过对美国计算机、食品和银行业企业使命陈述的分析，认为使命陈述必须具有对员工的激励作用。因此，企业使命陈述的主要要素应包括对员工的关切等9种要素。但是，David（1989）发现在拥有使命陈述和没有使命陈述的企业绩效间没有显著差别。Bart（1997）及其同事（Bart & Baetz, 1998；Baetz & Bart, 1997）将使命陈述的内涵扩展到25种元素，并测量了要素内容和结构，如长度、与衡量企业绩效标准的一致性以及对企业员工的行为引导和资源配置的设计与企业绩效的关系，发现只有价值和信念以及衡量企业绩效的标准与企业绩效具有较弱的相关性。

基于要素成分与绩效关系的分析，并没有发现使命陈述和企业财务绩效之间的显著关系，这对于确定使命陈述的内涵就存在一种争议。这种测量方式存在的问题是没有把使命陈述看作是一种战略管理工具，而仅是作为一个符号或信息内容进行的有效性或有用性分析，因而测量方法简单，基本上是从 Pearson t－test 分析或 Correlation 相关性分析得出的结论。研究没有对其他影响绩效的各类因素进行控制，即使期间存在较弱关联（如价值观和利益相关者要素），也难以区分出高绩效与企业使命间的相互作用机制是高绩效形成了较高质量的使命，抑或较高质量的使命陈述带来了较高的企业财务绩效。因此，从使命构成要素与绩效关系研究得出的结论并不清晰。

（二）使命陈述的管理作用与绩效关系的研究

Bart（2001）认为，企业使命陈述与绩效间的关系之所以模糊和混乱，是由于学者一直没有建立起使命陈述和绩效的直接测量关系，并且对绩效的测量比较单一。企业使命陈述作为一种战略管理工具，其存在的合理性和含义是影响企业成功的关键，因此，从使命陈述的管理功能视角研究对企业绩效的影响将更有助于揭示使命对绩效的作用机制。Bart（2001）通过 PLS 偏最小二次方分析，建构了使命陈述合理性到企业财务绩效之间的路径模型，尽管这一测量发现了期间存在的显著关系，但从使命陈述合理性到企业财务绩效，经历了结果、方法、满意、一致性和行为等一系列中介关系，这一漫长路径，难以充分证明企业使命陈述与企业绩效之间的实质关系的作用机制。Bart & Hupfer（2004）[①] 发现，使命陈述中对利益相关者的引述与管理者对企业财务绩效成就的认知理解具有显著正向关系。但是，这项研究将多个利益相关者整合为一个"盈利要素"变量，因而导致每个利益相关者在使命陈述中的作用并不清晰。而来自使命陈述对利益相关者的关切与企业绩效的测量

---

① Bart, C. K. and M. Hupfer: 2004, Mission Statements in Canadian Hospitals, Journal of Health Organization and Management 18（2），92－110.

的显著意义并不确定，从顾客、员工、供应商、社会与股东等几个利益相关者视角研究与企业财务绩效的关系，发现使命陈述中除了员工要素对财务绩效具有显著的正向影响外，其他任何一个利益相关者都对企业财务绩效具有显著的负向关系（Bart，1998）[①]。邵建兵与刘力刚（2009）将使命陈述要素作为自变量，对企业财务绩效进行了回归分析，但并没有发现期间的显著关系。（林泉等[②]，2010）在对 David 界定的 9 个要素进行聚类分析后，发现这 9 种要素形成了企业的竞争行为、利益相关者要素和价值观三个模块。Bartkus（2006）[19]认为，使命陈述的价值观和哲学、利益相关者和战略目的是构成企业使命陈述的质量关键，拥有这些元素的企业，会有助于企业的成功。通过使命陈述包含利益相关者要素成分和战略目的与忽略这些要素企业的绩效比较分析，Bartkus（2006）[19]发现大部分使命陈述要素与财务绩效无关，而一些对员工关切、对社会负责和注重价值体系的沟通等经营规则与财务绩效显著正相关。Bartkus & Glassman（2007）认为，利益相关者是构成企业社会绩效的主要成分，企业使命陈述对利益相关者的关注会影响企业的社会绩效，但从使命陈述包括对利益相关者关切和 KLD 指数中相关要素的社会绩效评价的对比分析发现，期间的关系依然模糊：在使命陈述中越着意强调的社会问题，如环境和多样性反而在社会绩效上没有显著优势。Bartkus 等把这一结果归于制度合法性的作用机制，认为制度合法性要求是企业在使命陈述中表达对利益相关者关注的关键。企业为获得合法性，从使命陈述向利益相关者传递企业的价值和信念，使企业的内部和外部利益相关者感知到自己受到了企业的关注，是企业重要的战略焦点，因而给企业提供支持。然

① Bart，C. K. and M. C. Baetz：1998，The Relationship Between Mission Statements and Firm Performance：An Exploratory Study，The Journal of Management Studies 35（6），823－853.

② 林泉，邓朝晖，朱彩荣. 国有与民营企业使命陈述的对比研究［J］. 管理世界，2010（9）.

而，制度合法性如何塑造和影响企业使命的建立以及如何影响使命与绩效之间的关系并没有得到验证。

使命陈述作为重要战略管理工具，如何发挥其在战略管理中的重要作用，亟待对使命陈述和绩效之间的关系路径链接进行探索，特别是从企业使命陈述到绩效形成的作用机制更需要从制度合法性视角来进行深刻揭示。

四、制度合法性对使命陈述与绩效关系的影响

(一) 制度理论及其管理体系

企业与环境的关系主要是企业与周围环境的利益相关者之间的关系。利益相关者是组织行为的最大影响者和评价者，是评价企业行为是否是正当的、合意的和恰当的重要社会成员，提供了企业的合法性来源 (Suchman，1995)，构成了企业重要的制度环境基础 (Scott，1995)[1]。企业对利益相关者的意志遵从，体现了企业与环境提供的规范相契合的制度化过程。因此，制度理论是研究企业与利益相关者关系的重要理论支撑 (Cambpell，2006)[2]。

制度提供了社会成员的互动关系原则，是人为设定的行动约束 (North，1990)[3]。North (1990)[139] 认为，制度是社会的博弈规则，包括正式规则与非正式约束 (行为规范、管理和自我限定的形式准则) 以及他们的实施特征 (enforcement characteristics)。Scott

---

[1] Scott，W. R. 1995. Institutions and Organizations. Thousand Oaks：Sage Publications.

[2] Campbell，John L. 2007. Why Would Corporations Behave in Socially Responsible Ways? An Institutional Theory of Corporate Social Responsibility. Academy of Management Review，Vol. 32，No. 3，946—967.

[3] North，D. C. 1990. Institutions, institutional change and economic performance. New York：Cambridge University Press.

（1995）在分析了组织与制度环境的关系后，认为对组织行为产生影响的制度是具有高度弹性的社会结构，由文化认知、规范和管制要素组成，与活动和资源相伴，提供了社会生活的稳定与意义。Scott（1995）[137]认为，制度由各类携带者传递，包括信号系统、关系系统、常规事务以及历史遗留形成。从世界制度体系到区域个人关系，制度存在于各判别层面。因此，制度具有多元性、稳定的社会结构，由符号元素装点，是社会活动和材料来源。被定义的制度更"具有社会生活的耐受力……具有跨越时空的稳固性"（Scott，2001）[137]①。Scott 将制度化划分为管制、规范和认知三个体系，这三个体系也成为战略研究观察与测量制度变量的基准模板②。

Scott（2001）[137]认为，管制性（Regulative）制度是依赖于权威（如国家政府部门）颁布制定并以强制措施和惩罚机制实施的一系列约束。一般由正式的法律、政策、规章制度等具有法律效力的各种书面材料（文件）细则组成，违反或冒犯这些细则将会受到制度机制的惩治（Scott，2001）[137]。惩治机制来自权威机构设立的专门机构加以监督。管制性制度具有工具性属性，可以指导企业的行动。企业通过对管制性制度的了解，可以约束自身的活动，以避免陷入危险。对管制性制度的遵循会使组织或个体获得表扬或激励，从而获得管理合法性（Ruef & Scott，1998）③。为测量管制性制度的影响，Ruef & Scott（1998）通过对美国医疗行政部门制定的各类行业管理制度测量了管理合法性对医院的影响，发现行政部门的政策提供给医院，管理合法性在医疗机构的扩散能够增进医院与行

① Scott，W. R. 2001. Institutions and organizations（2nd ed.）. Thousand Oaks，CA：Sage.

② Lvyuan，Xu Erming. 2009. Institutional Theory and Strategy Research. Journal of Strategic Management. Lov. 1, Issue, 1 May. ：14—22. 吕源、徐二明. 制度理论与企业战略研究 [J]，战略管理，2009（1）.

③ Martin Ruef and W. Richard Scott. 1998. A multidimensional Model of Organizational Legitimacy：Hospital Survival in Changing Institutional Environments. Administrative Science Quenterly. Vol. 43，No. 4. Dec. 877—904.

政管理机构的外部交流，并通过检查来获得存在的合法性。

规范性（Normative）制度是建立在社会公认的价值和规范基础上的一些规则、规定或准则，具有可评价或衡量的标准[137,140]（Scott，1995）。规范支柱包含在社会责任范畴，与企业社会责任的工具性属性并存，构成了企业社会责任的一个规范性特征。规范性制度具有道德权威的作用，对医院（Ruef & Scott，1998）[141]、法律（Lauren & Edelman，1995）① \ 会计或审计（Shin－Kap Han，1994）② 等对技术和道德操守要求较高行业的研究发现，规范制度压力更多在这些领域提供技术合法性（Ruef & Scott，1998）[141]：这些领域的行为规范通过专家评估证书和认证的统一的标准要求来使组织外界对组织合法性加以识别，使组织在社会和市场中能够获得交流的基础并被接受和认可，因而也导致在相同制度环境下的组织产生形似性（Dimagio & Powell，1983；Scott，1995）[5,137]。为测量规范性制度的影响，Ruef & Scott（1998）通过对美国医疗协会制定的各类行业规范和评估制度测量了技术合法性对医院的影响，发现医疗协会提供的标准认证是外部识别医院技术能力的途径，也是医院及其雇佣医生拥有行医资格的合法证明。

认知（Cognitive）是个体或组织对外部世界的认识和理解在内心的反应，并"理所当然（Taken for granted）"接受这种建立在认识和理解基础上的描述、比喻、象征或符号系统（Scott，1995）[137]。认知系统是对人的心理活动和意识态度的概括和描述，建立对周围环境的学习与模仿（Dimaggio & Powell，1983；Haunschild & Miner，1997）[5]，通过对意义、神话或文化符号的认同加以建立（Mayer & Rowan，1977；Scott，1995）[3,137]。Ruef & Scott（1998）[141]认为，认知要素对社会体系的运作相对于管制和规

---

① Lauren B. Edelman. 1990. Legal Environments and Organizational Governance. American Journal of Sociology，Vol. 95，No. 6 May，1401－1440.

② Shin－Kap Han. 1994. Mimetic Isomorphism and Its Effect on the Audit Services Market. Social Forces. ，Vol. 73. ，No. 2. ，DEC. 637－663.

范来说更具有基础性，认知要素是建构规范和管理要素的框架。在对认知的测量上，制度研究者将一种形式或实践的密度，或者汇集程度当作是认知合法性的指标（Flighstein，1985；Westphal & Zajac，1994；Scott & Ruef，1998）[1][2][141]。

管制性和规范性制度代表了外部环境对企业的约束，而认知制度则来源于组织内在的对外部环境的理解从而产生的自觉自愿的自发行动。这三种制度从不同层面揭示对组织行为进行约束。Scott（2001）[140]对这三个支柱具体内涵和层面特征的描述如表 2.5。

表 2.5　　制度的管制、规范与认知三个支柱内涵

	管制 （Regulative）	规范 （Normative）	文化—认知 （Culture－Cognitive）
遵 从 基 础 （Basis of Compliance）	权 宜 之 计（Expedience）	社会义务或责任（Social obligation）	理所当然、共享、理解（Taken－for－granted shared understanding）
为秩序奠定基础（Basis for Order）	管制制度（Regulative rules）	有约束力的预期（Binding expectations）	固有的模式（Constitutive Schema）
机制（Mechanisms）	强制的（Coercive）	规范的（Normative）	模仿的（Mimetic）
逻辑（Logic）	工具（Instrumentality）	适当的（Appropriateness）	正统信仰（Orthodoxy）

---

① Fligstein Neil. 1985. The Spread of the Multidivisional Form among Large Firms. American Sociological Review，50：377－391.

② Westphal Jams and Edward Zajac. 1994. Substance and Symbolism in CEO'S Longterm incentive Plans. Administrative Science Quarterly. ，39；367－390.

	管制 (Regulative)	规范 (Normative)	文化—认知 (Culture—Cognitive)
指标或标志 Indicators	规则、条例(Rules) 法律（Laws） 制裁（Sanctions）	证明（Certifi- cation） 认证许可 (Accreditation)	信念（Common beliefs) 行动的共享逻辑（Shared Logics of action)
合法性基础 (Basis of legit- imacy)	法律批准（Legally Sanctioned)	道德支配 (Morally gov- erned)	可理解（Comprehensible) 可辨别的（Recognizable) 文化支持（Culturally sup- ported)

资料来源：W. Richard Scott, Institutions and Organizations, Second edition, International Educational and Professional Publisher. 2001.

管制、规范和认知要素是企业从制度环境获得合法性的重要基础，这三类要素以规范、强制和模仿（Dimaggio & Powell，1983）塑造企业的合法性形式。管制制度通过制定规则以及对规则的监督和实施的奖惩机制提供给企业法律保障；规范性制度以评估专业标准或职业标准成为企业被社会接纳和认可的标志；认知制度以共识的价值行为提供了行为者行动的可理解性和合理性，成为规范和管制制度建构的框架基础，体现了对文化的协同性和规范的支持，保证了与法律制度的一致性（Scott，1995）。

（二）制度合法性对使命陈述价值观的影响

使命陈述价值观描述了企业的信念、意图向往、独特性和哲学承诺（Irland & Hill，1992），是企业对外表达的企业行为理念和价值追求（David，1989），代表了企业对社会规范的认知（Campbell & yueng，1991）。社会规范是组织嵌入的社会环境从历史延续而约定俗成的惯例、评估和责任义务，由价值（Values）和规范（Norms）两部分组成（Scott，1995；P54：32)[45]。价值是有关偏爱或首选与令人满意的值得做成需要的概念，是与既有结构或行为的建构标准一起能够进行比较或评估的系统结构（Scott，1995；P54：33）①。规范是指做事的具体方式，通过合法的手段来寻求有价值的结果（Scott，1995；P55：1）[45]。拥有价值观的企业具有稳定的价值导向，减少了不确定性，使周围利益相关者对企业行动更容易了解和预测。

企业价值观对外部社会规范的遵从和保持一致性是企业遵从外界利益相关者要求和社会定义的规范、价值和标准相同，从而达成共识的基础，提供了企业的可理解性和存在的合理性。因此，企业价值观要素具有外部制度环境塑造的合法性。从制度视角，企业对制度的遵从的重要方式是语言的进化，以可理解的词汇描述企业的价值和行动使言者和受众能够达成认知共识。使命陈述作为企业的一种仪式性的价值标准和源于仪式性的制度作用使组织在面对员工、股东、公众等利益相关者时具有合法性，表明了企业的可被接纳性。如果企业融进较高的仪式性价值，就会提高企业的威望和信誉，获得更多的资源，企业内部利益相关者根据企业的使命价值观这类仪式价值判定行为标准与合理性，增强了企业内在行动权威性。企业通过遵从制度环境中规定的仪式和符号，表明企业是以社会承认的和集体共享的价值理念来指导行动，可以为企业的行动提供合理的解释，使企业的经营免受周围环境质疑，巩固了自身存在的合理性。

Zucker（1983；1987）②③④ 指出，现代制度秩序越来越多地赋予组织人格化，并把它们看作是自治的、连贯的（黏合在一起的或

---

① Scott，W. R. 1995. Institutions and Organizations. Thousand Oaks：Sage Publication，.

② Lynne G. Zucker. 1987b. Institutional theory of Organization. Ann Rev. Social，13：443—64.

③ Zucker，L. G. 1983. Organizations as institutions. In Advances in Organizational Theory and Researched. S. B. Bacharach，pp. 143. Vol. 2. Greenwich，Conn：JAI

④ Zucker，L. G.，（ed.）1987a. Institutional Patterns and Organizations：Culture and Environment. Mass：Ballinger. In press.

一致的凝聚性的）和负责任的行为人（Horowitz，1986)①。这种感知使社会公众常常将组织看作个人——拥有目标、任务、风格和个性（Pfeffer，1981；Tuzzolino & Armandi，1981)②③。因此，公众更可能将具有与合法性需求相一致的组织看作是"内心有我们的最佳利益"、"分享我们的价值"，并作出具有"最诚实"、"值得信任的"与"得体的"和"明智的"这种素质上的归类。这种归类显示了对组织具体行为是普遍感知组织合法性的外在的正面评价的本质。

因此，使命陈述价值观与制度规范和认知规则趋同，为企业提供了理性的与合法的依据。Mayer & Rowan（1977）指出，"……理性化的制度创造了塑造组织的神话，组织价值观融合进更多的外部制度要素使组织具有外部合法性，受众（constituents）以集体共识的价值规范或评价标准定义了企业内在的价值，因此企业对外部制度环境的依赖减少了企业的不确定性，保持了企业的稳定和可预测性。"企业的价值观体系与社会价值观体系的一致性程度决定了社会对企业的满意度和企业绩效。如果一个组织在正式结构中融合进社会承认的理性要素，就会提高自身的合法性，增加资源和生存的可能。

(三) 制度合法性对使命陈述利益相关者的影响

利益相关者是企业重要的合法性来源（Mayer & Rowan，1977；Suchamn，1995)³④，也是企业社会责任的主要关注对象

---

① Horowitz, M. J. 1986. Santa Clara revisited: The development of corporate theory. West Virginia Law Review, 88: 173—224.

② Pfeffer, J. 1981. Management as symbolic action: The creation and maintenance of organizational paradigms. In L. L. Cummings & B. M. Staw (Eds.), Research in organizational behavior, vol. 13: 1—52.

③ Tuzzolino, F., & Armandi, B. R. 1981. A need hierarchy for assessing corporate social responsibility. Academy of Management Review, 6: 21—28.

④ Suchman, M.: 1995, 'Managing Legitimacy: Strategy and Institutional Approaches', Academy of Management Review 20 (3), 571 - 610.

（Carroll，1979；Freeman，1984）[①30]。Donaldson & Preston（1995）[32]指出，利益相关者具有描述性、规范性和工具性的作用，三种特征相互联系，共同创造了企业的竞争优势基础。Wood（1997）[31]认为，利益相关者具有权威性、合法性和紧迫性的突出特征，因此企业必须重视利益相关者的需求。Bart（1997）[10]认为，一个仅关注股东权益的企业最终会失去社会的支持而导致最终会失去保护股东利益的能力，而使命陈述能够从正面形象建立企业与利益相关者之间的沟通，表达企业对这些利益相关者群体的利益关注的意愿，增强了企业的合法性支持。Bart（1997）[10]通过对 88 个企业的使命分析发现，78％提到了顾客，52％涉及员工，41％是对投资者的利益关注，33％提到了社会问题，21％关切到供应商。同样，Leuthesser & Kohli（1997）[②] 也检验了 63 家企业的使命陈述，发现 91％涉及顾客，67％关注到员工，60％提到股东，16％涉及供应商。Fairfax（2006）[③] 指出，大约 88％的财富 100 强中的前 50 强企业在年报公开的使命陈述中都阐述对具体利益相关者群体的关切，86％的企业在网站上的使命陈述提到对利益相关者的关切词语。人们把这种对利益相关者的管理（Donaldson & Preston，1995）[32] 看作是企业合法性战略中的一部分（Bartkus et al.，2007）[52]，企业为获得利益相关者的合法性支持，利用使命陈述传递企业的价值观和信念，并将使命陈述看作是对利益相关者群体传递信息的工具[16]（Bartkus et al.，2000）。Bartkus & Glassman（2007）通过比较使命陈述包括利益相关者的企业与没有包括利益相关者企业的利益相关者管理表现，发现期间并没有显著差异。

---

① Carroll A. B. A three－dimensional conceptual model of corporate social performance. Academy of Management Review, 1979, 4（4）：497－505.

② Leuthesser, L. and C. Kohli: 1997, 'Corporate Identity: The Role of Mission Statements', Business Horizons 40（3），59－67.

③ Fairfax, L. M.: 2006, 'The Rhetoric of Corporate Law: The Impact of Stakeholder Rhetoric on Corporate Norms', Journal of Corporation Law 31（3），675－718.

Bartkus & Glassman（2007）认为企业在使命陈述中表达对股东、员工、顾客等利益相关者会使其感到"内心有我们的最佳利益"和"分享我们的价值"。因此，使命陈述对利益相关者关切是为了使企业表现得更符合社会总体的共享价值体系，以获得利益相关者的好感，从而使利益相关者满意，进而获得合法性支持。

（四）制度视角的使命陈述价值观与利益相关者的关系

使命陈述表达的价值观是企业行为的指导原则和标准。作为主导企业决策的企业价值观指导着企业长期战略制定和管理者日常各项战略规划与实施。众多学者认为，代表企业价值伦理观念的使命应当充分考虑企业的利益相关者利益（David，1989；Bart，1998；Bartkus & Glassman，2004；2007）[17,20,21,19]。也就是说，企业的道德价值观是企业决定关注不同利益相关者的基础，道德价值水平影响着企业在组织生产管理和资源配置上对利益相关者考虑的程度，同时，这些行动也得到社会许可并获得实施的可能。

从制度视角来看，利益相关者是对企业行为是否符合社会共识的标准与规范的评估者，是企业重要的合法性提供者。企业合法性反映了嵌入在制度化系统中的信仰和行为依据（Suchman，1995）。合法性不仅影响人们对待组织的行为，而且影响人们如何理解组织，受众感知拥有合法信念的组织不仅更有价值、可尊敬，而且更有意义、更易预测、更值得信赖，并且也更愿意给那些表现出值得做的、正确的或恰当的组织提供资源。由于缺乏合法性的组织更容易受到攻击，经常陷于为自身行为做不必要的辩护（Mayer & Rowan，1991）。企业避免受到质疑，会遵从制度环境需要作出价值承诺，表现出与制度环境共享的价值相一致，使组织表现得有意义。这样，企业从信念和认知体系上表现出对利益相关者的态度是：符合社会规范和可理解与共识的标准，企业价值观就形成支持企业遵从制度化的合作方式，成为企业满足利益相关者需求、获得合法性的工具。因此，企业在使命陈述中，不仅表达出有价值和有意义的、符合制度环境要求的价值观哲学，而且在价值观的指引下，表达出对利益相关者的关切。由于不同的利益相关者需求存在着较大差别，不同制度环境中的企业面临的利益相关者地位和需求不同，企业满足利益相关者需求的方式也不同。为表现出企业的信念和哲学承诺具有的价值性，企业会依据自身的独特性来设计使命，满足不同利益相关者的需要（Irland & Hitt，1992）。

North（1981）[1] 认为，"对个体最大化行为约束的欠缺必然会产生政治或经济制度的无法生存……强大的社会道德和伦理规范会成为经济和社会稳定的黏接剂，从而使经济制度得以生存"。(North，1981)。企业价值观体现着企业的商业道德本质（Bart，1998）[20]。道德规范是非正式制度的重要组成（Scott，1995）[45]，也是合法性的重要来源（Suchman，1995）[52]。Joseph Heath（2006，BEQ）[2] 认为，利益相关者范式代表了企业商业道德问题的大部分思考。Joseph Heath（2006，BEQ）[60] 从对股票持有者受托人的狭义视角和市场失灵的广义视角对比分析了道德范式作用下的利益相关者活动，认为企业资产价值管理者的"忠诚责任"与"谨慎责任"是公司治理的焦点，而"专业性"和"声誉"成为解决信任问题的途径，正式制度和规范制度建构的知识技能与从道德与合法性建构的声誉，成为解决股票持有者受托责任的工具。对于利益相关者的代理责任（Agent Obligations），消费者和供货商以及政府和社区从企业使命中获得对利益相关者的政策，从企业管理者和员工的行动中掌握企业的伦理标准（Jones，1995）[7]，因此企业的"诚信"、"正直"、"值得信赖"的价值标准为企业形成合法性与声誉提供了支持。而企业通过使命陈述建构的价值信念代表了企业的伦理认知标准，指导着管理者的战略决策和员工的行为，影响着企业对

---

① North，Douglass C. 1981. Structure and Change in Economic History，New York：Norton. 诺斯. 经济史上结构与变迁 [M]. 陈郁，罗华平等译. 上海：三联书店，1981.

② Joseph Heath. 2006. Business Ethics Without stakeholders. Business Ethics Quarterly. Vol. 16.，Issue 4.，1052－150.，pp：535－557.

利益相关者关系管理的方式（Bartkus et al.，2007）[19]。

　　Jones（1995）[7]认为，企业与利益相关者之间同样产生不同的代理关系。例如，企业的贸易代理会代表公司与外界缔约，员工或销售员会代表企业与消费者或采购商进行购销谈判，一些中层管理人员会代表上级对下级员工进行管理。这些代理关系都会由于机会主义和败德行为导致产生监督成本和降低行动效率的代理成本，从而导致企业交易成本的扩大。制度环境对契约的绩效和持续性有较强的作用（Sirley，1995）。制度管制特征和实施的道德观决定了契约的实施绩效，制度环境决定了企业的价值观和对利益相关者之间的关系（Levey & Spiller，1990）。对契约关系中产生的机会主义和败德行为的治理[62]，Jones（1995）[7]从信息不对称导致"囚徒困境"的败局中得到启示，认为值得信赖的合作关系会减少机会主义和败德行为产生的交易成本，以道德为基础建构与利益相关者关联的有效的契约关系治理机制，能够有效预防机会主义和败德行为，从而降低企业的交易成本，发挥利益相关者的工具性作用。Jones（1995）[7]认为，由于市场上的交易者并不总有机会如博弈论中"囚徒困境"那样不具备完整的规则和信息，参与者也并非总是了解前人参与的状态，而且，参与博弈的人总会从重复游戏的过程中了解参与人的特性，一次比一次更完整掌握参与人的信息，一旦参与人转换，以前的知识就会失效。因此，真实的市场交易就需要持续、稳定、持久的交易参与人的行动与信息才能保持市场的长期稳定（Noreen，1988）[1]。这就需要具有诚实和可信赖的交易者参与市场行动以解决机会主义问题。一个内在诚实并值得信赖的人的道德会有助于他人判断市场的交易并做出行动类型判断。"人类能够从积累的诚实行为中累聚值得信赖的行动信号，从而产生可靠的判断来

---

　　① Noreen. E. 1988. The economics of ethics: A new perspective on agency theory. Accounting Organizations and Society. 13: 359—369.

采取进一步行动，这类诚实和值得信赖的人就具有声誉。"①
(Frank, 1988)"由于不诚实的人在反对欺骗的剩余空间里倾向于
欺骗"，因此，声誉是一种抵制机会主义者倾向的非常可信赖的指
标。从心理学角度看，由于机会主义的回报往往直接迅速，而合作
者之间的诚信奖励需要一定的时间差距，回报的价值也会打折扣，
投机者会错误地选择迅速获益的欺骗的机会，这样诚实的声誉就很
难保持长久。从哲学与心理学视角看，"诚实"、"正直"、"不说谎
或欺骗"以及"以忠诚为荣誉"都是天然的道德属性，与经济环境
中的其他参与者建构良好的伦理道德关系会成为值得信赖的优秀的
商业企业（Frank，1988）[64]。从这一点上，Jones（1995）[7]认为，公
司道德与个人道德紧密相连，公司的道德理念与决策是通过企业员
工与管理者的个人品德，在公司的营运中向企业利益相关者传递，
公司政策与决策对利益相关者的考虑会影响企业声誉，企业累积的
声誉也通过员工的工作表现来得以实现。有道德的企业会远离机会
主义，更愿意与诚实和值得信赖的企业合作，以创造持续稳定的长
期效益。机会主义者也很难从有道德的企业中再次获得投机利益。
甚至有机会主义倾向的员工在有道德的企业政策约束下也会表现出
诚实的合作品德，一旦机会主义者表现出投机倾向，就会损害长期
累聚的声誉，遭到以诚信为声誉信号的群体的排斥。因此，使命价
值观是企业有关利益相关者关系管理的道德标准的陈述，也是企业
声誉信号，使利益相关者能够识别企业道德素质，并提供合作与支
持的基础。因此，使命陈述价值观与利益相关者关切之间具有密切
关系。

（五）制度合法性对战略与绩效关系的调节作用

1. 制度视角的企业社会绩效

企业社会绩效是企业各种活动形成的对社会、利益相关者和企

---

① Frank. R. H. 1988. Passions within reason: The strategic role of emotions.
New York: Norton. Renference from Jones T. 1995. Instrumental stakeholder theory: a
synthesis of ethics and economics. Academy of Management Review, pp. 404—37.

业自身的成果产出，对其测量是一个系统结构和评估。从制度合法性视角来看，企业实现社会绩效的过程是企业遵从社会规范，建构、保持和修护合法性的过程。Suchman（1995）认为，社会规范反映了嵌入在制度化系统中的信仰和行为的道德合法性，是对企业是否做正确的事的判定，这种判定识别了企业行为是否按照受众的社会结构价值体系界定的有效地增进了社会福利的信念（Suchman，1995）这一标准。对道德合法性的判断通常来自对组织产出和结果、技术和程序、类别与结构的评估，这一评估过程也确定了企业的社会绩效水平。产出与结果合法性是基于具体目标追求合理性，按照现代秩序的理性主义神话（Mayer ＆ Rowan，1991），组织是否实现使命应该受到判定（Suchman，1995）。例如，对销售产品的价值和质量的判定，对企业排污的测量，等等。技术和程序合法性是基于满足恰当行为规则的价值合理性，除了生产具有社会价值的结果，组织也通过嵌入社会可接受的技术和程序来获得道德合法性，程序合法性由于缺乏清晰成果测量，因而嵌入的道德合法性就成为倡导的行为规范作为组织以善意努力实现价值的证明，从而显得更有意义。类别与结构合法性是通过对一定权威类型的社会成员的风格或形式的长期观察认为值得模仿形成的具体设计，由于组织的社会结构特征标志其具有道德恩宠的类别，传递出企业有能力实现具体类型的职能，并且是按照一个正确的、恰当的、复合集体评价的宗旨活动，受众将组织看作是有价值的和值得支持的，结构合法性也就成为企业在一个较大的社会系统中定位组织的合法性半径，使公众认为这样的组织是符合社会规范与有价值的，成为公众信心的归属。

　　道德合法性为组织提供凝聚力，获得有价值的产出，而不是追求工具性需要。企业满足利益相关者的需求与获得实用合法性具有同样重要的意义，但却无法对道德进行评估并提供文件证明。因此企业选择道德战略就十分谨慎，这样企业仅与那些对组织道德行为带有敬意的组织和成员产生联系，而结果、程序和结构合法性就成为一种徒有其表的含义。

由于组织目标常常成为企业存在的理由，而不是作为技术指导，管理者可以故意调低战略目标，甚至核心价值观的使命陈述，只是为了伪造出服从社会理想的外表，这样企业从文字表达的使命陈述对利益相关者的承诺与利益相关者感知的企业实际的活动之间形成的差距会使利益相关者（受众）发现企业言过其实的投机和没有诚信的道德，导致企业已经获得的合法性失去意义，企业有价值的信念和追求带给社会的影响也随之降低，评估者对企业的社会表现水平的评价也会下降。因此，企业对合法性的需求和制度环境的压力均会影响企业获得社会绩效的能力和水平。

Campbell（2006）[1] 认为，有几种制度条件会对企业基本经济状况与企业行为产生调节作用：公共与私有制度；当前非政府与其他监督企业行为的独立组织、与专业化的公司行为有关的制度化规范、组织间的行为以及组织与其他利益相关者之间的对话。

从经济状况视角，当企业经历较差的财务绩效以及经营的经济环境使盈利很难时，企业不太可能履行社会责任；如果竞争不是很激烈，或者竞争非常激烈，企业都不太可能履行社会责任，这即是说，企业社会责任与竞争呈曲线状关系。从制度状况视角，Campbell（2006）认为，存在六种情形能够促进企业履行社会责任：一是如果国家法令能够恰当地确保社会责任行动，特别是这些制度和执行能力是建立在企业、政府与利益相关者协商一致的基础之上，企业就越可能履行责任；二是如果存在一个良好有序的系统和有效的产业自律来确保的社会责任活动，特别是当企业感受到国家干预的威胁，或者国家提供了对这类产业的管制，企业就会更可能履行社会责任；三是如果私人，独立组织，包括非政府组织、社会运动组织、制度监督者以及媒体在企业的环境中能够监督企业行为，在必要时采取行动改变企业行为方式，企业就更可能采取社会

---

[1] Campbell. 2007. Why Would Corporations Behave in Socially Responsible Ways? An Institutionall Theory of Corporate Social Responsibility. Academy of Management Review. Vol. 32 No. 3, 946－967.

责任行为；四是在经营的环境中，规范要求行为的制度化，如重要的商业出版社、商业学校课程以及其他企业管理者参加的教育场所；五是如果企业属于某个协会，这些协会倡导有社会责任行为方式，企业就更可能采取社会责任行动；六是如果企业致力于与工会、员工、社区群体、投资者以及其他利益相关者的制度化对话，就更可能采取社会责任行动。

总之，较差的企业经济状况会降低企业社会责任的参与程度，而制度化程度较高的制度状况对企业的社会责任行动具有积极的促进作用（J. Campbell，2006）[168]。

2. 新兴经济国家的企业社会责任战略选择

针对转型经济制度特征，J. Child & Tsai（2005）[①] 以中国大陆及台湾企业数据研究了新兴国家企业环境战略与制度约束间的关系，并建立了制度环境下企业环保战略的反应模型。在这一模型中，不同企业面临制度压力强度会作出环境责任和环境利用四种战略选择：当制度约束较高时，环境责任企业会遵循管制权威，并遵从环境管制，承担环境责任，而环境利用的企业会遵循权威，但同时向权威提出讨价还价要求；在环保制度要求较低时，选择环境责任战略的公司会在行为上与环境机构保持一致并合作，首先承担环境政策领导者的责任，而环境利用战略选择的企业会以牺牲有限的成本来选择排污。

这一模型阐释了在新兴经济体内，企业在制度管制作用下，企业社会责任具有弹性反应，制度在其中发挥了重要的调节作用。制度压力高，企业的社会责任行动会增强。相反，制度约束压力较低，企业的责任行动程度也较低，而承担责任的选择程度不论是环境责任战略企业还是环境利用的企业，都具有对制度压力的弹性表现。这说明制度在企业对环境的管理活动与绩效之间发挥了重要的调节作用。

---

① John Child and Terence Tsai. 2005. The Dynamic Between Firms' Environmental Strategies and Institutional Constraints in Emerging Economies: Evidence from China and Taiwan. Journal of Management Study, 42: 1, January. , 0022－2380.

这一结论表明，从制度视角分析使命陈述对利益相关者的关切与企业社会绩效的调节效应，能够揭示企业使命陈述与绩效之间的内在作用机制。

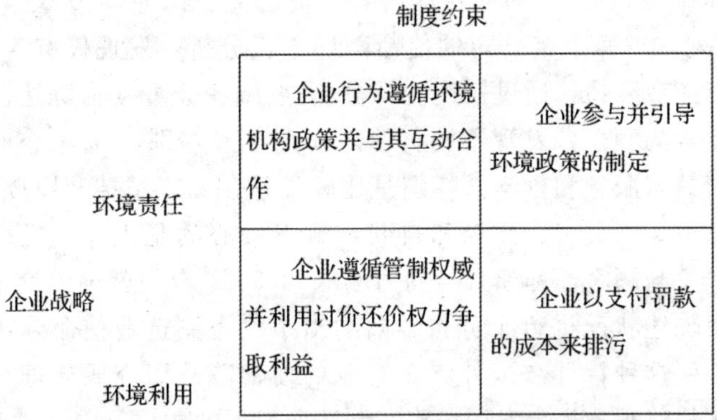

制度约束

企业行为遵循环境机构政策并与其互动合作	企业参与并引导环境政策的制定
企业遵循管制权威并利用讨价还价权力争取利益	企业以支付罚款的成本来排污

环境责任

企业战略

环境利用

图 2.1　制度约束状态下企业生态战略的四种选择

资料来源：John child and Terence Tsui, The dynamic between firms' environmental strategies and institutional constraints in emerging economies: evident from china and Taiwan, Journal of management studies 42：1 January 2005.

五、国内使命陈述与企业社会责任问题研究

（一）国内使命陈述的有关研究

通过国家图书馆万方数据库等文献资料库检索"使命陈述"的相关研究，发现国内学者有关使命陈述研究的文章并不多，研究大部分基于国外学者有关使命陈述的定义和要素内容，从使命陈述的要素应用频率测量国内企业使命陈述的质量和特征，对于使命陈述

与绩效关系的研究并不多见。邓璐、符正平（2007）[①] 基于 500 强中的 344 家企业采用 David（1989）的 9 要素内容测量了国内企业使命陈述重点关注的内容，识别了国内企业关注的 9 要素，但仍未突破 David（1989）的 9 要素内容。饶远立、邵冲（2005）[②] 依据 9 要素对 200 家上市公司的使命陈述进行分析，发现仅有 46 家企业拥有使命陈述，通过描述统计分析这 46 家企业使命陈述内容应用 9 要素的频率，发现不同行业之间存在着差别，46 家企业比较关注产品与服务和哲学，特别是比较注重创新、精神和民族感情，其次是市场、员工、技术和自我，最不关心的是生存、成长和盈利、形象与顾客。邵建兵与刘力刚（2008）[③] 专门就国内汽车行业的使命陈述状况进行了分析，归纳出了汽车制造业使命陈述的特征，并就这种特征与国外汽车行业的使命陈述研究成果进行了比较，从战略视角提出对国内汽车制造业发展的建议。

林泉、邓朝辉、朱彩霞（2010）[④] 等从国有 37 家企业和民营 38 家企业的使命陈述中归纳了国内企业使命陈述的特点，认为国内企业使命陈述主要关注于哲学、公众形象、产品与服务等内容，并通过聚类分析将 9 要素归纳为行为导向、利益相关者导向和竞争导向三个类别，虽然这一研究强调了使命陈述的管理工具作用，但并没有从管理工具的视角对使命陈述的工具含义与绩效关系进行测量。国内学者有关使命陈述研究的文章可归纳如下（见表 2.6）：

---

① 邓璐，符正平. 全球 500 强企业使命宣言的实证研究 [J]. 现代管理科学，2007（6）.

② 饶远立，邵冲. 46 家国内企业陈述的实证分析 [J]. 南开管理评论，2005（1）.

③ 邵剑兵，刘力刚. 中国汽车制造业企业发展战略问题研究 [J]. 辽宁大学学报：哲社版，2008（5）.

④ 林泉，邓朝辉，朱彩霞. 国有与民营企业使命陈述的对比研究 [J]. 管理世界，2010（9）.

表 2.6   国内使命陈述的研究归纳

类别	作者	研究问题	研究方法	样本来源	结论	局限性
要素质量分析	邵剑兵、刘力刚，2008，《辽宁大学学报》哲社版	汽车制造业使命状态	David 9要素频率法	汽车制造业	重视哲学、形象、员工，轻产品、技术，国外重生存	一个行业内的研究
	邓璐、符正平，2007，《现代管理科学》	识别国内企业使命陈述重点	David 9要素频率法	500强中344家	识别最受关注的9要素	局限在9要素，没有新增发现
	林泉、邓朝辉、朱彩霞，2010，《管理世界》	识别要素管理工具作用	David 9要素频率法	38家民企，37家国企	关注哲学、形象、产品和服务，国企重视产品与服务，民企重视客户。要素可归纳为行为导向、利益相关者导向和竞争导向三类	缺少对绩效的影响分析
	饶远立、邵冲，2005，《南开管理评论》	评价国内企业使命质量	David 9要素频率法	200家上市企业有46家拥有使命	发现国内企业重视产品与服务、哲学、市场、员工、技术、自我，不重视生存成长或盈利、形象与顾客；其次大部分企业没有使命	样本量较小

资料来源：笔者收集整理。

从表 2.6 的归纳可以发现，国内学者主要依赖于 David (1989)的 9 要素对国内拥有使命陈述的企业进行描述统计分析，通过对使命陈述中提及的要素频率测量国内企业使命制作的质量和关注的重点。从 2005 年至 2010 年所做的分析可以发现，国内企业比较重视哲学要素，其次是公众形象和产品与服务。

比较突出的研究贡献是林泉等通过聚类分析，对国内企业使命陈述归纳出行为导向、利益相关者导向和竞争导向三个类别。这三个类别与 Campbell & Yueng（1991）建构的使命陈述钻石模型概念结构接近。Campbell & Yueng（1991）以目的为顶部，引导以行为标准为底部支撑，以战略和价值为两翼建立了钻石模型，从四个层面揭示使命陈述的内涵结构。林泉等通过聚类分析归纳出的国内企业使命陈述的三个类别，从另一个视角揭示了国内企业使命陈述所具有的导向特征。行为导向阐释了企业的哲学价值观；对生存、增长和盈利与顾客四个要素的整合表达了对利益相关者的关注；市场、自我、技术和产品定位了企业的竞争。这一研究结果说明国内企业使命陈述与 Campbell & Yueng（1991）对使命的概念解析相一致，哲学价值观作为行为背后的支撑，是国内企业使命陈述最为重视的突出要素成分。利益相关者导向更进一步阐释了企业行为标准的对象，林泉等（2010）认为，利益相关者导向使企业产生财务绩效的来源。竞争导向合并了目的与战略两个部分对竞争定位的阐释，与 Campbell & Yueng（1991）所分析的企业目的与战略要素成分内涵基本一致。

虽然上述文献对国内企业使命研究起到了推动作用，但所有研究并没有进一步探索使命陈述的管理工具作用带给企业绩效的影响。对使命陈述的应用价值和管理工具含义尚待进一步揭示。

（二）国内企业社会责任的主要研究归纳

从国内重要的核心期刊近 10 年有关社会责任问题研究文献来看，2006 年以前，大部分学者关注于企业社会责任理论的介绍和标准的测量与总结。2006 年以后，一些学者通过市政研究方式，尝试揭开促动中国企业履行社会责任的机制和企业有关利益相关者管理带给企业绩效（声誉、社会资本、市场份额）的关系。

表 2.7 简要概括了 10 年来国内重要核心期刊有关企业社会责

任问题研究内容与研究结论。

表 2.7　2000－2010 年国内重要期刊文献对企业社会责任实证研究归纳

研究形式	研究内容	代表作者	现实背景	理论背景	研究发现或结论
非实证研究	企业社会责任概念介绍与作用	易开刚,2006、2008;王碧峰,2006;林汉川、田东山,2002;刘瑛华,2006	国际贸易壁垒国内企业社会责任缺失	国外企业社会责任理论	企业履行社会责任有利于进入国际市场和攻克贸易壁垒,并形成企业新的竞争力
	企业社会责任理论	刘松柏,2008;金明伟,2006	跨国企业社会责任危机和双重标准	契约理论、公司治理	企业与股东是一级契约与社会是二级契约、与利益相关者是三级契约、企业公民是第四级契约。可设立专门治理机构管理
	企业社会责任行为与企业竞争优势模型	郭国庆,2004;林汉川、王莉、王分棉,2007	营销领域的诚信与合作	消费者、环境、产品责任	从企业、消费者和社会来综合考察两者间的诚信基础;通过政府环境规制来监管企业产品功能与价值再造行动,进而减少资源投入,提升环境绩效
实证研究	标准评价	甘碧群、曾伏娥,2004	虚假广告和促销手段	消费者视角的营销道德	营销道德 5 大指标评价体系;评价道德营销;消费者视角和企业视角对道德营销差异性。
		宋健波、盛春艳,2009	《上市公司社会责任指引》颁布	利益相关者理论	运用指数法和分层分析建立了评价体系,对制造业 638 家上市公司进行了测试得出我国企业社会责任总体水平不高的结论

研究形式	研究内容	代表作者	现实背景	理论背景	研究发现或结论
实证研究	法律责任	刘峰、钟瑞庆、金天，2007	上市公司购并后资产被非法转移	基于股东权益最大化的资本市场制度与股东保护	制度性原因导致我国企业控制权转移与美国股东控制权转移的股东价值最大化相反的结局，我国资本市场法律制度没有保护股东、惩戒犯罪。企业也缺乏保护股东法律责任行为
	慈善责任	黄敏学、李小玲、朱华伟，2008	"5·12"地震中紧急事件企业被"逼捐"	基于认知—态度—行为理论	企业社会责任与社会的交换和隐性契约关系形成的社会紧急事件对企业的社会行为要求，通过对自己和他人参与的影响形成企业社会责任行动，由于与社会交换和隐性契约关系的作用，社会大众会对企业社会责任行为产生期望和认同
		山立威、甘犁、郑涛，2008	"5·12"地震企业捐款的争议	捐款的广告与声誉效用	公司捐款存在提高企业声誉从而形成广告商业动机，产品直接与消费者接触公司捐款数量和现金捐款较高，捐赠行为和企业经济承受能力相关，政府控制企业捐赠少于非政府企业较多，行政命令强制捐赠少于市场机制

续表

研究形式	研究内容	代表作者	现实背景	理论背景	研究发现或结论
实证研究	慈善责任	李敬强、刘凤军，2010	"5·12"地震企业捐款的市场反应	做善事与做正确的事形成竞争优势的机理	市场通过对企业捐赠金额、捐赠时间和捐赠比率来衡量捐赠行为的真实性，市场根据捐赠时间将企业慈善行为归纳为积极主动型和消极反应型的非自愿行为，当企业捐赠金额相对于企业规模过低时市场的反应呈负面，企业捐赠能够带给企业声誉提升进而提高市场价值
	管理者认知	刘显法、张德，2007	政府一系列能源政策出台	领导者个人主义与集体主义价值观与环境战略的节能行为和技能绩效	企业社会责任导向的价值观将对企业节能绩效的提高有显著效果；以经济责任为中心的社会主义发展阶段在向经济和社会责任并重发展。持有集体主义价值观有利于节能技校提高，个人导向的价值观关心投资回报影响节能行为和节能绩效

研究形式	研究内容	代表作者	现实背景	理论背景	研究发现或结论
实证研究	管理者认知	尹珏林、张玉立，2010	三聚氰胺和富士康事件	CSR 认知、行动与管理视角的利益相关者理论、CSR 和企业成长理论	基于认知、行为和惯例三个纬度建构了 CSR 评估模型对中国企业 CSR 趋势进行了考察，通过反向翻译、因子分析、新度分析检验了西方企业社会责任量表在中国情境下的结构为渡河信度与效度，在现有量表基础上结合专家访谈、探测性调查手段提高量表在中国的实用性
		中国企业家调查系统撰写：彭泗清、李兰、潘建成、韩岫兰、郝大海、郑明身等	企业社会责任运动对企业家履行社会责任现状与认识的了解	企业社会责任理论维度分解	上市公司经营者对于股东、员工、消费者权益责任及环境关注度较高。企业经营者履行社会责任的动机主要是出于提升品牌形象。而"提升企业品牌形象"远高于"为社会发展作贡献"。导致企业缺乏社会责任的主要原因：内在原因在于经营困难、经营者素质不高；而社会诚信缺失以及社会相关部门没有履行好自己的责任成为企业社会责任不良表现的外在因素

续表

研究形式	研究内容	代表作者	现实背景	理论背景	研究发现或结论
实证研究	声誉	高维和、陈信康、江晓东，2009	在华外资企业的采购行为	声誉、心理契约于企业间关系机制	创新、企业社会责任、公平声誉对企业间关系具有正效应，心理契约对关系质量的影响具有协同和响应效应
		葛建华、王利平，2010	民营企业开始建构与政府、公众的关系	合法性的价值与企业家的政治身份、慈善行为	企业家经济权利、参与行业协会的政治身份和慈善行为间显著正相关，企业家通过慈善投资提升社会声望，通过对当地经济贡献为资本获取当地政治身份
	社会资本	徐尚坤、杨汝岱，2009	中国30年经济高速增长带来社会责任丑闻：	企业社会责任维度、社会资本与测量指标分析	归纳行总结了中国企业社会责任的概念范畴，建构了5维度企业社会责任和4维社会资本测量工具，通过回归分析建立了企业社会责任对社会资本影响模型

续表

研究形式	研究内容	代表作者	现实背景	理论背景	研究发现或结论
实证研究	社会资本	刘刚、黄淑萍，2010	2009 年 11 月—2010 年 3 月丰田脚踏板刹车垫召回事件	企业社会责任和竞争优势	本研究推导出跨国公司基于 CSR 建构的竞争优势模型：基于环境的资源节约会带给企业更多资金和原材料来源，保护职工合法权益会带给企业优秀人才，维护消费者和客户关系能够使企业有稳定的销售渠道，而参与社会公益事业能够建构企业垄断性资源和经营权这些利益相关者反馈给企业资源获取渠道，并形成企业差异化环保产品和良好供应商关系与卓越企业形象形成的竞争优势，而基于这一优势又通过资源分配带给企业利益相关者更大的好处

资料来源：《管理世界》《中国软科学》《经济理论与经济管理》《财贸经济》，笔者整理。

从表 2.7 的分析中，国内企业社会责任研究主要关注六大主题。这六大主题包括企业社会责任概念的介绍与认识、标准分析、驱动机制、法律责任、慈善责任和管理者认知。

驱动国内企业承担社会责任的机制主要来自声誉和社会资本的建构。国内学者发现，企业的声誉、心理契约和财富、权利声望与行政管制影响企业责任行为，从企业社会责任战略带给企业社会资本的视角分析能够解释企业社会责任战略与竞争优势形成机制。

表 2.8   国内企业社会责任研究的基本内容归纳

影响企业社会责任的因素	企业社会责任行动	企业社会责任战略目标
国际贸易壁垒	产品、员工责任	进入国际市场
消费者	道德营销	顾客忠诚
政府管制	产品改造	环境绩效
公众	满足期望的捐赠	获得公众支持和维护原有声誉
企业声誉	企业社会责任、创新公平交易	提高竞争优势
应急事件 企业规模、经济能力、管理者认知	慈善捐赠 信任的社会联系	提高企业声誉、品牌的广告 社会资本
法律环境	法律责任	股东权益

表 2.8 的归纳可以得出，影响国内企业社会责任因素大致来自三个层面：一是消费者、公众、政府等企业的外部利益相关者；二是管理者认知、声誉、规模与经济能力等企业的常态因素；三是企业法律环境、国际贸易壁垒等外部制度环境。另外，社会应急事件也对企业社会责任的反应能力提出考验。这些因素对企业社会责任具有不同程度的要求，企业也为应对这些要求采取不同的反应策略。从企业社会责任的反应来看，国内企业比较关注产品责任、员工责任、慈善责任、道德营销（消费者责任）、创新（产品责任）和建立公平交易（客户）、信任的社会关系（股东和债权人责任）几个方面。

研究发现，国内企业履行社会责任是在受到国际市场、政府管制以及公众呼声压力后，以进入国际市场、提高环境绩效、获得顾客忠诚和公众支持，维护和提高企业声誉，创建企业的广告和品牌效应，建立社会资本等目的为驱动。面对国际贸易壁垒，企业如果选择进入国际市场为目标，则会提高产品环境价值，改善员工待遇，获得国际标准认证，从而取得进入国际市场资格。企业要满足政府规制要求，提高环境绩效，则会实施产品价值再造。

国内学者（刘刚等，2010；徐尚坤等，2009）[1][2] 认为，国内企业在常态能力下实施的社会责任行动，是为企业建构社会资本。这种社会责任战略的目的是以企业内部资源通过社会责任行为来建构更有价值的另一种资源，以提高企业竞争优势。事实上，企业社会责任是社会成员对企业利益配置期望在价值观上的统一，社会应急事件导致社会需求突增，企业声誉内隐的社会价值成为公众评价其履行社会道义责任的标准。以常态水平来应对突增的社会需求，将无法满足高涨的社会期望，导致企业陷入危机。而企业也利用这一机会通过超越公众期望的标准来达到创造品牌和广告效用，从而提升市场价值。

（三）国内企业社会责任研究的思考

从国内企业社会责任战略目标来看，企业履行社会责任主要是为获得进入国际市场的认证、赢得顾客、创造企业声誉，从而建构企业的社会资本。但这些研究都是从产业视角和资源视角对企业社会责任战略进行的思考，目的是提高企业在产业中的竞争位势，获得有价值和稀缺的社会资源。

上述这些研究的局限性在于研究者忽视了战略研究重要的制度理论的背景支柱作用。战略研究比较一致的观点认为，产业、资源和制度三个传统战略理论决定了企业的战略研究的基础（M. Peng，2002；2004）[12,70]。从这三个视角能够使人们清晰地理解企业社会责任的范围与规模。

基于制度的战略观点能够从企业社会责任扩散过程与企业的战略反应形式揭示企业社会责任内在行为机制。基于制度的战略观认

---

① 刘刚，黄淑萍. 企业社会责任、关系资本与竞争优势—给予丰田"召回门"事件分析与思考 [J]. 财贸经济，2010（6）.

② 徐尚坤，杨汝岱. 中国企业社会责任及其对企业社会资本影响的实证研究 [J]. 中国软科学，2009（11）.

为，企业应对制度环境压力，会采取反应、防御、适应与超前战略模式（M. Peng，2006）[71]。由此可以发现，这一模式与企业应对社会责任的决策机制相一致（Carroll，1979）[53]。反应战略是企业管理者应对社会责任目标时的态度，在这种模式下的管理者往往对企业社会责任缺乏认识与理解，进而被动采取应对举措（I. Henriques & P. Sadorsky，1999）[①]，如国内企业在遭遇国际"绿色环境"和"劳保"壁垒时，即是一种被动迎战方式。防御战略是企业对规则性制度的服从意愿。由于企业管理者认为承担社会责任会增加成本或不方便，因而采取关注却避免主动的态度（A. Hoffman，1999）[②]。例如，国内企业面对政府的环境规制，即是采取防御战略，以避免被罚款的风险。企业缺乏非正式的规范和认知信念，企业社会责任行为就成为迫于法律与规则要求而采取的唯一应对措施。此时，只有正式规则的压力才能促使企业产生战略行动（T. Newton & G. Hart，1996）[③]。防御战略的制度观揭示了企业社会责任是组织在一种激励或惩罚下理性选择的动机。适应战略是企业管理者在承认社会责任的必要性时，关注于社会正式法规与非正式社会和环境压力要求企业履行社会责任的态度，因而形成对新的产业规范的支持与顺从。例如，很多企业从漠视、抵制到积极寻求 ISO14001 和 SA8000 标准的认证（R. Jiang & P. Bansal，

---

① I. Henriques & P. Sadorsky. 1999. The relationship between environmental commitment and managerial perceptions of stakeholder importance，Academy of Management Journal，42：87－99.

② A. Hoffman. 1999. Institutional evolution and change，Academy of Management Journal，42：351－371 T. Newton & G. Hart. 1996. Green business：Technicist kitsch，Journal of Management Study，34：75－98；

③ T. Newton & G. Hart. 1996. Green business：Technicist kitsch，Journal of Management Study，34：75－98；

2003；D. Rondinelli & G. Vastag，1996)①②。但这些认证被适应战略的企业用来"装饰门面"，成为企业的广告或追求流行趋势的时尚模仿，这是企业的社会责任行动没有主观上的伦理意图，仅是一种企业营销工具（R. E. Freeman，1999；T. Jones，1995)③④。真正基于伦理基础的是企业按照合法性的需求，以希望做社会满意的正确的事的理念来履行企业相应的社会责任（R. Hooghiemstra，2000；C. Robertson & W. Crittenden，2003)⑤⑥。如企业面对社会突发事件时，不同企业采取了不同的捐赠方式，而真实的捐赠不仅赢得声誉，企业的市值也获得增加。

从制度的观点看，超前战略是管理者对企业"做正确的事"的重要性的认知信念（Peng，2006)[71]。通过创新、公平交易和公正态度建造企业声誉，从而形成企业竞争优势以及加强以信赖为基础的社会关系连接从而将企业诚信责任建设成为企业的社会资本，即将企业社会责任构造为一种超前战略的社会责任态度，它是企业高层管理者将社会责任视为企业创造差异化竞争优势的来源而采取积极的支持态度，主动建立与企业利益相关者的联盟，自愿采取超出法规要求的行动。

---

① R. Jiang & P. Bansal. 2003. Seeing the need for Iso14001，Journal of Management Study，40：1047－1067；

② D. Rondinelli & G. Vastag. 1996. International environmental Standards and corporate policies，E. J.，39：106－122.

③ R. E. Freeman. 1999. Divergent stakeholder theory，Academy of Management Review，24：233－236；

④ T. Jones. 1995. Instrumental stakeholder theory，Academy of Management Review，20：404－437

⑤ R. Hooghiemstra. 2000. Corproate Communication and impression management，Journal of Business Ethics，27：55－68.

⑥ C. Robertson & W. Crittenden. 2003. Mapping Moral Philosophies，Strategy Management Journal，24：385－392.

第三章　概念模型与假设

一、使命陈述与绩效实现的路径

企业社会绩效是企业对利益相关者承担社会责任的原则、社会反应过程和程序以及有关企业社会关系的相关产出成果的结构（Wood，1991）[58]。这一过程是企业对制度环境管制与规范的道德要求，从内在的价值观念作出的对利益相关者的关切从而采取相应的，创造社会绩效行动（Jones，1995；Wood；1991；Jennings & Zandbergen，1997；Basu & Palazzo，2008）[7,58,167]①，被 Wood（1991）[58]描述为原则、过程与结果三个方面的要素：原则包括制度原则、组织原则和个体原则三个层面。其中，制度原则主要涉及合法性问题。合法性从制度视角阐释了企业的道德与行为与社会成员的关系，企业侵害社会成员利益而继续生存，取决于社会制度与道德环境的惩治机制。组织原则主要建立在企业具体环境及其与环境间的关系上，关注于组织的行为参数。个体层面涉及管理者的道德识别力，关注于决策者对行为与结果的道德选择。因此，评估一个企业的社会绩效就需要研究者检验代表公司的社会责任驱动行动程度，企业用于社会反应过程的程度，现有政策性质和管理企业社会关系的程序设计以及企业活动、流程和政策的社会影响。

---

① K. Basu & Palazzo. 2008. Corporate Social Responsibility：A Process Model of Sensemaking. Academy of Management Review. Vol. 33. No. 1，122－136.

(一) 企业制度环境与社会绩效关系

战略研究假设，企业通过合法性过程，能够在较高水平上管理控制企业的资源获得系统 (Pfeffer，1981：5)[50]。依照这一观点，制度合法性是组织有目的的，经过估算或计算的战略规划过程。相对于战略传统，制度研究者把合法性看作是一套基本的信念体系，而不是一种可操作的资源。组织不可以脱离文化而简单地从环境中攫取合法性。文化定义决定了组织的建构方式及其运行，同时也影响着对它的理解与评价。外部制度从各个方面对组织进行构造和渗透。在这样的传统内部，合法性与制度化在事实上是同义的 (Suchman，1995)[52]，它通过适应、选择、控制和前摄方式创造环境来满足社会成员对企业的期望和要求，并通过响应行动塑造企业的合法性形象。

合法性是制度理论的主要内容，也是企业战略管理研究企业创造竞争优势的重要基础。制度理论从不同的合法性评价标准和依据 (Scott，1995)[45] 以及强制、规范过程与模仿三个不同的控制机制 (Dimaggio & Powell，1983)[5] 来解析合法性的来源形成过程。

制度环境通过管制、规范和认知三个层面提供了企业合法性来源 (Scott，1995；Ruef & scott，1998)[4,45]，这三种要素的作用取决于制度环境对这三个方面的强调程度。一个组织是否合法，或者合法程度的大小，由组织的监督者 (Constituents) 通过对合法性总体水平的不同程度的了解和影响来评判组织与具体标准或模式的一致性 (Ruef & scott，1998)[4]，所有的利益相关者都参与这个评判过程 (Suchman，1995)。社会政体确立的有效法律以及权威机构公布的政策，对社会成员具有强制遵照执行的压力，构成了正式的社会制度框架，这种强制具有管制性作用，对企业行为形成约束："管制过程：制定规则、监督、奖惩活动"被韦伯定义为"保证法律"，这类活动由正式的国家机关来开展工作。行政机构确立的"规范性规则将规定的、评判性和强制性引入了社会秩序 (Scott，1995；Ruef & scott，1998)[4,45]"。社会规范提供了社会参与者的行动标准，组织必须遵从一般的社会规范并受到社会规范的相关标准制约，如公平竞争、职业标准和专业标准（Dimaggio & Powell，1983）[5]。认知要素规定了行动者行为的活动类型、结构特征、程序以及与此相关的意义是被接受和许可假定。因此，认知要素是社会体系中最基本的制度要素，社会规范与正式制度通过认知要素形成的公众共同接受的价值标准和行为准则来产生正式制度与规范的细则的制度框架（Ruef & scott，1998）[4]。所以，认知支柱是制度结构的基础，一种形式的或活动的密度以及流行程度一般被作为认知合法性的指标（Fligstein，1985；Wesphal & Zajac，1994）[145,146]。

研究发现，跨国公司如果能够满足利益相关者生活质量、知识和安全，或者提供了良好的服务就创造了价值；当企业不履行社会责任，或者侵害利益相关者的利益，就无法进一步在资源上获得竞争优势（Strike，Bansal & Gao，2006）[34]。企业受不同环境压力影响，会采取不同的应对措施来实现环境标准认证（Jiang & Bansal 2003）[175]。面对强制实施的 ISO 14001 国际环境标准认证体系，强制环保措施能够降低机会主义和信息不对称风险（Anderew A. King，M. J. Lenox & A. Terlaak，2005）[①]。对印象管理研究发现，企业印象管理可以调节企业合法性与市场系统风险和非系统风险关系，降低风险强度。企业可以通过可持续发展战略创造良好形象，降低市场风险（Bansal & Clelland，2000）[②]。J. Child & Tsui（2006）[169]认为，新兴经济体内的企业，在环保战略选择上具有环境责任和环境利用两种选择，当制度压力较高，企业会遵循管制权威，环境利用者会向权威提出讨价还价要求，而环境责任战略会选

---

① Anderew A. King，M. J. Lenox & A. Terlaak. 2005. The Strategic use of Decentralized Institutions：Exploring Certification with Iso 14001 Management Standard. Academy of Management Journal Vol. 48. No. 6 1091—1106.

② P. Bansal & I Clelland. 2000. The Market Risk of Corporate Environmental Illegitimacy. Academy of Management Proceedings. ONE：B1. —B6.

择在行为上与环境机构保持一致并合作；在环保制度要求较低时，选择环境责任战略的企业会首先承担环境政策领导者的责任，而环境利用战略选择的企业会以牺牲有限的成本和承担惩罚来选择排污。

从新兴经济体内，企业面对单个利益相关者—环境的战略反应，我们可以发现，企业在面临制度环境不同压力要求时，对待利益相关者的行动责任不同，企业对合法性的价值追求不同，企业的责任表现同样存在差别。企业感知制度环境压力增强，社会责任表现也由低向高发展，而随着制度压力降低，企业的社会责任表现，或社会绩效也会降低。这种现象正如 Carroll（1979）[53] 对企业社会反应的描述要经过反应、防御、适应和前摄四个阶段。Peng（2002；2006）[12,71] 从制度理论引申分析，认为企业社会责任表现是对制度压力的响应过程，反应战略是外部环境整体制度要求不高，企业价值体系对利益相关者利益认识薄弱甚至漠视，社会绩效就会较低。适应战略是企业价值体系开始融合外部环境要求，企业遵从制度管制和权威，并讨价还价争取利益。防御战略是外部制度环境要求较低，存在制度结构洞，企业表面遵从制度要求，实际上采取抵制对利益相关者的责任行动。前摄战略是企业价值体系与外部环境共享的价值理念相一致，企业更愿意主动采取对利益相关者关系管理战略获得优势资源。

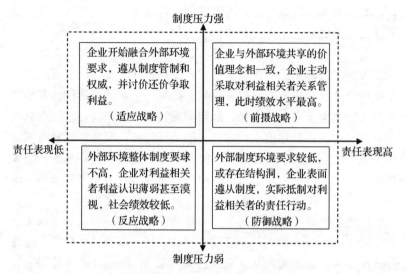

图 3.1　制度环境与企业社会绩效关系

　　企业对社会责任的反应战略是企业管理者仅考虑企业经济效益而对其他利益相关者要求缺乏认识，特别是企业在经济轨迹上的运行忽视了对周围环境需求变化的敏感性，或者企业的内在价值观与周围环境的总体价值相脱节，进而被动采取应对社会需求的反应。此时企业的社会绩效是在一种较弱的制度环境压力下和较低的社会绩效水平上。

　　防御战略是企业对较强的制度压力的遵从。然而由于企业并没有从认知上建构起与外部环境相一致的认知理念，或者外部制度环境的法律和正式规则制度压力较高，而社会普遍的规范标准不完备，规则性制度存在结构问题，如监管不力，执行度不强，企业存在讨价还价条件，以及社会整体道德秩序形成的价值认知体系对管理者承担社会责任的监督机制并没有形成真实成本支付，企业就会采取防御战略，以避免被罚款的风险，通过关注却避免主动的态度来观察周围环境中其他组织的反应来选择模仿能够存在的方式。此时，企业缺乏非正式的规范和认知信念，防御成为迫于法律与规则要求而采取的唯一应对措施。正式制度的完整性将有利于企业产生真正的社会责任战略行动，因而防御战略是组织在一种激励或惩罚下理性选择的动机。

适应战略是企业管理者在承认社会责任的必要性时，关注于社会正式法规与非正式社会规范要求企业履行社会责任的态度，因而形成对新的产业规范的支持与顺从。此时，企业的价值理念开始与外部环境产生统一，从漠视、抵制到观察发展为积极寻求符合制度环境需要的规范和标准来获得存在的认证许可，避免不断地与制度环境压力打交道的成本支出，以降低企业的运营风险。然而，如果企业的适应战略不能真正从价值理念上实现与社会环境要求相一致的共享价值，产生分裂表现，即一方面从姿态上作出与外部环境要求的价值相一致，以迎合利益相关者的需要，另一方面却采取敷衍的态度，避免成本扩大，损害经济利益，用一些符号，如使命陈述的价值传递信息或规范认证资质等来"装饰门面"，使命陈述或技术认证就成为企业对外部利益相关者的一种宣传媒介，形成虚假的广告或追求流行趋势的时尚模仿。这种行为表明企业的社会责任行动没有主观上的伦理意图，仅是一种企业营销工具。适应战略是在较低的制度中企业采取讨价还价形成的弹性社会责任的曲线表现，与防御战略形成的企业社会绩效相似，企业虽然从认知上意识到社会责任的重要意义，但囿于制度和合法性要求强度不大，或存在制度结构洞，企业仅以较低成本，如从符号性的使命陈述即可获得存在性，社会绩效仍表现出弹性。

真正基于伦理基础的是企业按照合法性的需求，希望做社会满意的正确的事的理念来履行企业相应的社会责任，即企业真正理解社会受众的需求，并基于受众共有的价值体系来建构企业与社会共享的价值理念指导企业的战略与行动，形成企业"做正确的事"的重要性的认知信念。通过制度、技术与管理创新，秉持公平交易和公正态度构建企业与周围环境的利益相关者的信任与合作关系，从而形成企业真正的声誉和竞争优势，这种战略是将企业社会责任构造为一种超前战略的社会责任态度，它是企业高层管理者将社会责任视为企业创造差异化竞争优势的来源而采取积极的支持态度，主动建立与企业利益相关者的价值分享和利益合作，自愿采取超出正式社会制度要求的行动并形成基于企业和社会共享信念的价值统一体，从而形成良好的社会绩效。

（二）企业使命、责任、绩效形成的战略路径

企业定义使命内容的过程是确定企业存在的意义、作用和功能的战略规划过程。企业对使命陈述内容结构的界定，确立了企业的价值理念、行为标准、战略目标和行动的目的，这些内容构成了企业战略活动的内容和管理控制过程，决定了企业战略的模式。企业的战略模式由价值观决定企业行为标准，进而采取相应的战略规划实现企业的战略绩效。企业的价值观定义了企业存在的意义和功能，也决定了企业对利益相关者的管理活动，这些活动形成了企业的社会绩效，并在积极的互动关系中形成企业的竞争优势。这一过程构成了企业战略活动的内容，同时也形成了企业从使命陈述到建立对利益相关者的责任管理的企业竞争优势实现过程。

企业从使命陈述的制定到责任规划和战略绩效的形成过程，是企业遵循内部和外部制度环境需求构造合法性的过程。

从制度视角来看，企业从使命陈述建构与外部环境相一致的价值体系，从而表现出具有与外部共享的价值理念，并表现出对利益相关者的关切，以求获得周围环境的认可。在制度压力增大情况下，企业合法性需求增强，企业为降低压力会采取进一步建构合法性的行动，表现出符合利益相关者要求的行为，对利益相关者要求做出的反应表现为企业对社会绩效的增进。这样，企业从使命陈述建构价值信念，以这种价值信念支持企业对周围利益相关者的战略行为，在制度环境压力的调解下形成企业的绩效模式。因此，企业使命陈述的价值观是企业根据已有的战略思想结合外部环境需求，形成指导未来战略的价值理念。在企业价值观的指导下，企业识别周围环境的具体利益相关者，并对利益相关者作出价值承诺，形成企业对利益相关者的关切。在价值观和对利益相关者关切理念的指导下，企业在价值链构造过程中渗透进这种理念，改进以往不符合

企业战略的人员管理、技术生产和流程以及营销战略，从对股东和员工的责任，扩散到对顾客和伙伴之间建立的信任关系，以及对周围社区与环境利益相关者的责任行动。股东从企业的使命陈述的价值观中发现有诚实与合作的信号，并在使命陈述中感知到对股东的价值需求的承诺，就会对这个企业存有支持和信赖的倾向；员工从企业的价值观中体会到企业对自己的信任，并从企业未来发展目标感受到自身的价值和意义，就会激发向上的积极进取精神，员工感到未来的责任和成就满足，就会持续保持对企业的忠诚，并发挥潜力与企业其他成员合作。这样，企业使命陈述从对内部员工的承诺激发了企业凝聚力，提高了企业的工作效率，使企业战略意图能够得到更好的贯彻和执行，企业的运营和管理效率就会提高。这种良好的管理文化形成企业有价值的管理能力，从而形成企业的一种竞争力。

外部的顾客合作伙伴从企业使命陈述中感受到企业的使命和责任是为顾客创造价值，并感受到这种价值是一种正面的符合周围社会价值系统的含义，就会认为这样的企业是值得信赖的，顾客对其产品和服务就有尝试的信心，合作伙伴也会产生合作的信念。周围社区对这样的企业的存在也会感到放心，从而增进与其合作，并提供必要支持，企业也会降低周围环境危机形成的不必要的成本支出。

企业内部和外部利益相关者从企业有责任的行动中感受到企业拥有的价值观和对利益相关者的利益承诺是在遵从社会共享的价值理念，符合周围系统内被认为是恰当和合意的行为方式，企业即拥有了合法性。企业建立使命陈述，并依照使命陈述采取对周围利益相关者的行动也是企业建构和保持合法性的过程。这一过程深受企业内在价值体系的认知制度环境引导和外部管制与规范制度环境影响。企业的内在价值体系形成了企业的认知合法性，使企业能够保持与外部环境的协调一致。外部的管制制度塑造了企业的管理合法性，使企业能够在法律和政策范围内拥有运营的理由。规范性制度塑造了企业的技术合法性，使企业拥有在市场和社会经营的技术规范与标准，易于被环境识别，同时也形成对竞争对手的差异化竞争优势。企业拥有较多的管理合法性，就会获得较大的在社会结构和行政管理部门之间沟通的路径，增加获得资源的途径。企业获得技术合法性较多，就会拥有更多的社会识别符号，增进信任关系，获得更广泛的合作基础，扩大了企业社会交往的领域和市场活动范围。

研究表明，制度的强度会影响企业责任行动参与程度，企业表达出一种符合周围环境要求的态度即可以获得周围环境认可，就不会采取进一步的成本投入来扩大合法性（Bartkus，2007）[19]。当正式和非正式制度提供的制度合法性需求强烈，企业的行动投入会增加；而当企业周围环境的制度压力较小，企业的行动也会表现较低，甚至与环境管制讨价还价（Child & Tsui，2006）[169]。

域内组织为获得周围利益相关者的承认，往往通过观察，以模仿域内普遍流行的价值观来建构自身的价值理念，从而获得存在的合法性（Maure，Bansal & Crossan，2011）[1]。

企业在制度合法性框架下，通过使命陈述建构企业对利益相关者的责任过程，也是企业获得合法性，形成社会绩效的战略过程。这一过程实现的路径（见图3.2）。

---

① Cara C. Maurer，Palatima Bansal & Mary M. Crossan. 2011. Creating Economic Value Through Social Values：Introducing a Culturally Informed Resource—Based View. Organization Science. Vol. 22，No. 2，March—April，pp：432—448.

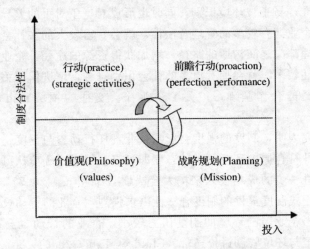

图 3.2　制度合法性背景下企业使命与社会绩效的实现路径

　　企业从基本的价值观来确立对利益相关者关系管理的规划，当企业合法性需求较低时，企业会通过使命陈述，向利益相关者传递企业对周围利益相关者的关切，以期望获得企业存在的条件；然而，当环境制度要求不高，监督机制不完善，可操作的行为标准模糊，惩治措施不足以威慑到企业的成本效益规模，企业感知的合法性需求没有提高时，企业就不会采取进一步的行动扩大对利益相关者管理的成本投入（Campbell，2006，Jennings & Zandbergen，1997）[167,168]；当企业合法性需求较高时，企业会从战略规划采取进一步的行动投入，以获得更多的充分的存在基础；或者，企业从前瞻性的行动来提升企业更优厚的合法性资源来创造企业完美的绩效（Carroll，1979；Hart，1995；J. Child & Tsui，2006）[53,26,169]，即使没有使命陈述的企业，也会采取对利益相关者的行动，从而获得周围环境的承认（Bartkus et al.，2007）[19]。为保持这种合法性，不管企业的能力是否充分，企业为合法性都要对利益相关者的需求和社会问题作出响应，并期望较多的投入能够带来较多的支持。当组织有足够的条件和能力，会采取前摄的战略来提高合法性，深入贯彻组织的使命和愿景。这样，具有较大投入和较大合法性的组织就会被看作是拥有较为优秀的社会绩效的卓越组织。

二、研究的概念模型与假设

企业使命陈述与绩效的关系一直处于混乱和模糊状态，这期间的问题在于以往的研究将使命陈述的要素和功能混为一体，对要素存在的意义和要素的功能以及对绩效的测量采取相同的方式，对绩效的定义也较为模糊，因而难以揭示企业使命与绩效之间的关系和作用机制。企业使命陈述作为战略管理工具，简单的相关分析测量方法无法揭示使命和绩效之间存在的对应关系。作为一种管理工具，使命陈述建构了行动与结果的关系纽带，具有行动与结果的假设逻辑，即如果出现 X，则会产生 Y 的结果；反之，如果期望获得 Y 的结果，则需履行 X 行动。这一逻辑假设：如果使命陈述具备某种模块功能，则会产生一种行为活动结果，形成使命陈述功能模块对绩效的作用机制——y（x）关系的效用机制。这一机制对以理论解析实证中的真伪现象具有十分重要的作用。

因此，这就需要从使命陈述的具体要素类别的战略含义入手，来考察对企业绩效的影响。使命陈述的标准是受企业外部环境制约并影响企业战略规划与绩效关系的重要元素，实证研究也发现，企业价值观与企业利益相关者行为之间的相关性（Bart & Baetz，1998），并且认为企业对利益相关者的关切，会形成一定的社会绩效（Bartkus & myron Glassman，2007）。因此，本研究将从企业使命陈述的价值观和利益相关者两类指导企业行为的要素规则和标准入手，来考察企业价值和行为标准对企业社会绩效和经济绩效的影响。

（一）企业使命陈述价值观与绩效关系

使命陈述作为企业的一种仪式性的价值标准和源于仪式性的制度作用使组织在面对员工、股东、公众等利益相关者时具有合法性，表明了企业的可被接纳性。如果企业融进较高的仪式性价值，就会提高企业的威望和信誉，获得更多的资源，企业内部利益相关者根据企业的使命价值观这类仪式价值判定行为标准与合理性，增强了企业内在行动权威性。企业通过遵从制度环境中规定的仪式和符号，表明企业是以社会承认的和集体共享的价值理念来指导行动，可以为企业的行动提供合理的解释，使企业的经营免受周围环境质疑，巩固了自身存在的合理性。

Bart & Baetz（1998）通过问卷调查和相关性分析发现，使命价值观、利益相关者与企业财务绩效有较弱相关性，而其他要素与绩效不相关。基于社会总体制度环境形成的企业价值观对经济价值的判定会受社会价值对收益的引导（Maurer, Bansal & Crossan, 2011）[184]。通过使命陈述宣讲企业战略对相关社会问题的态度，会激发企业对社会价值的认知识别。当企业的价值认知与周围环境的共享价值观相一致，企业的战略就会得到支持。如果企业战略对社会问题做出了反向回应，就会削弱企业与周围组织价值观的共享基础，进而影响企业创造经济价值的能力。

Campbell（2006）从企业道德视角对企业社会责任活动分析表明，企业采取对投资者的不信任合作，会降低企业的股票价格；在管理者薪酬与公司财务绩效的关系上，两者的关系存在高与低两个极端。在对员工的关系管理上，由于内部劳动力市场促进了企业与员工的信任与合作关系，具有内部劳动力市场的企业会表现得比依赖外部劳动力市场的企业好；而对员工的密切监视从管理上表现出对员工缺乏信任，这种行为导致员工产生身心压力和身体疾患，降低工作效率，增加员工之间的不信任和疏远。因此，企业的道德价值观是决定企业关注不同利益相关者关系管理的基础，道德价值水平影响着企业在组织生产管理和资源配置上对利益相关者考虑的程度与技术管理方式，这种战略上的决策决定了企业社会绩效的水平。因此，我们提出：

假设 1：企业使命陈述的价值观会正向影响企业的经济绩效。

假设 2：企业使命陈述的价值观会正向影响企业的社会绩效。

(二) 企业使命陈述利益相关者关切与绩效关系

使命以具体的文字描述公开发表在企业内部和对外宣传的资料中，既是企业战略决策纲领和内部行为管理的规范，同时也是组织对外传递愿望的信息指南 (David, 1989)，成为市场营销与管理公共关系的指导工具 (Drucker, 1973; 1984)，因而也成为企业对利益相关者和社会问题管理的指示器 (Bartkus, 2007)。

企业在公开的使命陈述中一般都提到利益相关者，包括顾客、员工和投资者以及社会与供应商 (Bart, 1997b; Leuthesser & Kohli, 1997)。Fairfax 指出，大约 88% 的财富 100 强中的前 50 强企业在年报中包含有对利益相关者关切的华丽修饰，86% 的企业在网站上包括同样的对利益相关者的关切词语。Bart (1997) 通过对 88 个企业的使命分析发现，78% 提到了顾客，52% 涉及员工，41% 是对投资者的利益关注，33% 提到了社会问题，21% 关切到供应商。同样，Leuthesser & Kohli (1997) 也检验了 63 家企业的使命陈述，发现 91% 涉及顾客，67% 关注到员工，60% 提到股东，16% 涉及供应商。Welford (2004) 把股东和员工归类为企业的内部利益相关者，把顾客、供应商（伙伴）、社会与环境归类为外部利益相关者。Bartkus & myron Glassman (2007) 测量了使命陈述作为行为指导和印象工具对利益相关者关切与社会绩效关系（控制行为和目标），发现对使命陈述对多样性的关切和环境关切的实际社会绩效并不高，指出合法性是企业在使命陈述中表达对利益相关者和多样性问题的驱动。

使命陈述已从对企业战略的目标和身份界定演化为对利益相关者传递信息的工具，沟通和指导管理者对企业内部和外部利益相关者关系治理 (Bartkus et al., 2005)。Bart & Hupfer (2004) 发现，使命陈述中对利益相关者的引述与管理者对企业财务绩效成就的认知理解具有显著正向关系。但是，这项研究将多个利益相关者整合为一个"盈利要素"变量，因而导致每个利益相关者在使命陈述中的作用并不清晰。来自使命陈述对利益相关者的关切与企业绩效的测量的显著意义并不确定，从顾客、员工、供应商、社会与股东等几个利益相关者视角研究与企业财务绩效的关系，发现使命陈述中除了员工要素对财务绩效具有显著的正向影响外，其他任何一个利益相关者都对企业财务绩效具有显著的负向关系（Bart，1997a）。学者认为，由于在使命陈述中提到利益相关者要素，使企业决策者在战略制定与实施过程中产生对这些要素的关切倾向，会形成企业一定形式的社会绩效（Irland & Hire，1992）。

从 David（1989）对高管访谈获得的使命内涵结论，到 Bart（1998）推荐的 25 种要素，利益相关者和社会问题构成了企业使命陈述的重要内容（Bartkus，2007）。利益相关者由于以所拥有的权利控制着重要资源，因而对企业生存与发展至关重要（Mitchell，Agle & Wood，1997）。企业需要获得利益相关者控制的资源，至少需要对利益相关者以及社会问题作出口头上的承诺（Bartkus，2007）。使命连接着企业自身管理和社会利益相关者间的关系。在使命的指引下，企业的战略和社会行为管理按照使命设计的原则开展工作。作为企业战略导向和行为规范的价值基础，利益相关者期望在企业的公开宣传的使命陈述中受到关注，这样就会感觉到企业对自己所在群体的尊重，从而获得一种知觉上的满足，保持对企业的持续支持。企业由此提高了声望并获得了合法性资源。利益相关者依赖声望的信誉理念，认为企业会从实际行动中履行承诺责任。即使有时使命陈述在企业某一个阶段要进行调整和补充，那么企业更可能将过去对利益相关者的管理活动作为绩效在使命陈述中进行发扬和宣传（Bartkus，2007）。然而，研究发现，在使命陈述中提到利益相关者的企业与没有提到利益相关者的企业在社会责任指数上并没有显著的差别，企业对利益相关者关切并没有带来较高的社会绩效（Bartkus et al.，2007）。Bartkus 等（2007）发现，企业在使命陈述中对利益相关者的关切并非完全出于对社会绩效的创造，而是迎合合法性的需要。在合法性要求不高，对企业没有形成显著的直接经济利益情况下，企业对利益相关者的关系管理仅是一项为满足合法性需求而向利益相关者传递信息的工具（Bartkus et al., 2007)。因此，制度环境的作用和企业对合法性的要求程度是企业形成社会绩效的关键。如果制度环境使企业感知到的合法性需求较高，企业使命陈述中对利益相关者的关切会形成良好的社会绩效。因此，在一个具有较好的制度环境，使命陈述内容和企业的社会绩效和经济绩效之间就会存在着正向关系。

Bart（1998）指出，使命的关键作用是能够保证企业的员工和管理者在一个统一的价值体系下协调为一个统一体，提高企业的管理效率与获得优势（Bart，1998）。使命陈述作为管理者建构战略规划的基础，为职能层和业务层以及员工落实战略规划提供了统一的行为规范标准。企业对股东和员工的关切，会使这些利益相关者感知到企业内心"有我们最佳的期待"，这种激励会使员工以更大的热情投入工作。股东会因为这样的企业是值得信赖的而更愿意合作，从而提供更大的资金支持。企业从使命陈述表达对员工与股东的关切，激发了企业内部利益相关者为实现企业目标而团结一致，提高效率，共同创造企业的竞争优势。因此，我们提出：

假设3a：企业使命陈述中对股东与员工等内部利益相关者关切会正向影响企业的经济绩效。

假设4a：企业使命陈述中对股东与员工等内部利益相关者关切会正向影响企业的社会绩效。

企业要获得竞争优势必须具有足够的市场能力（Pfeffer & Salancik，1978）。市场能力要求企业必须从顾客的角度思考市场的实际需求，开发适合市场需要的产品，建立代表企业竞争优势的技术能力和与合作伙伴的协调关系，从而确立和建构自身的市场优势地位。实现上述目的，需要管理者关注与客户和供应商间的关系管理，具有支持产品服务与创新的制度措施和相应的产品研发投入，从而形成优势的专业知识和专有技术能力，在产品设计过程中充分考虑产品安全要素及其保障措施，这样才能为市场提供令顾客满意的产品。在企业的营销宣传中不仅能够真实地向消费者传递产品信息，而且当产品出现质量问题时，能够具有负责任的态度和相应的召回制度，保障产品质量和信誉，从而为企业赢得市场份额。企业具备上述市场能力就形成了较好的企业市场责任（陈佳贵、黄群慧、彭华岗、钟洪武等，2009；2010）。

使命陈述中关注的顾客与伙伴（投资者、供应商）、产品与服务、技术和成长要素向利益相关者宣示了企业重要的行为与目的，也成为公司效率的训导（Morsing，2006）。公开的使命陈述由此形成一种社会压力：顾客和伙伴以及投资者等利益相关群体期望被使命关切到的要素能够在实际行为中有一致的行动绩效，所购买的产品与服务在技术质量上能够得到与公开宣传的使命陈述的价值承诺相一致，如果这一期望能够获得满足，代表了企业具有较强的责任，利益相关者就会给企业提供持续支持，从而保证企业的持续成长能力。使命陈述明确了企业要满足顾客哪些方面需要和提供什么样的产品与服务的原则，建构具有何种价值的技术基础来为企业的价值增长创造竞争优势。因此，使命陈述作为企业战略规划的起点，为企业责任战略的实施提供了依据和保障。

Sethi（1979）[72]认为，企业必须考虑正式（法律）与非正式的社会需要。例如，响应政府宏观政策、遵守国家法律法规等。企业要获得在市场上的经营权，需要按照政府政策在相关法律框架下运营：企业需要遵守公司法，按照法律要求注册登记，建立必要的公司治理结构关系；遵守税法，照章纳税；同时，企业还要关注所在地区的非正式社会需要，确定生产活动对所在地区的外部性影响较小（尽可能提供正外部性，并减少或降低负外部性），支持社区成员，特别是弱势群体的教育，提供员工的本地化政策和对当地的捐助与志愿者活动等地区发展的非正式社会需要。付诸上述行动的企业，表明企业具有较好的社会责任（陈佳贵、黄群慧、彭华岗、钟洪武等，2009；2010）[13]。

企业发布使命陈述更多的是向社会传递一种企业的价值，以获得公众对企业道德的感知，因此使命陈述包含有对公众形象的关切，即企业对社会问题和环境保护以及绿色可持续发展等问题的关注。公众形象是企业用来建构组织在外部公众中的印象，表明企业具有恰当的和公众可接受的目标和价值理念，所以使命陈述在很大程度上是一种符号，它以公开发布的形式宣示企业的价值，表达了企业对获得公众满意的印象的努力，是出于制度的需要而屈从于合法性压力（Bartkus，2007；Mayer & Rowan，1977）[19,3]。这些公众形象的内涵包括企业对环境保护的态度，对社会问题的反应等（Bart，1998；David，1989）[17,20]。环境管理涉及企业价值创造过程的原材料采购、生产流程保证对环境没有损害，这就要求企业实施绿色采购方针，建立环保技术、设备的研发与运用机制以及环保产品的研发与营销体系以及对新建和改建项目的环境评估。实现上述目的需要企业具有节能环保的相关政策和节约能源以及循环利用能源的管理措施，如对单位产值和能源消耗的指标控制，对水、化石能源以及土地等不可再生资源的保护和循环利用手段与开发技术应用，对生态资源的多样化保护措施（如绿色办公、绿色出行）以及减少废气、废水和废渣以及噪声等有害、有毒物质的降低排放措施等。企业在上述行为上的战略举措代表了企业具有的环境责任（陈佳贵、黄群慧、彭华岗、钟宏武等 2009；2010）[13]。

这些内容是管理者渴望与公众和政府部门的意志期望相迎合，而实现这样的使命往往意味着企业需要改造现有的技术流程和价值创造体系。而转变企业当前战略决策需要企业付出高昂的时间和资金成本。然而，使命陈述作为公开的印刷品宣传，尽管需要大量管理者进行充分的讨论，但对于需要实际支出的塑造企业形象的环境保护管理活动而言相对简单，成本和时间付出较少。因此，人们更可能以较低成本的使命陈述来塑造社会期望的形象，以符号的形式代替组织实际的行为。人们相信，一种符号叠加上一种仪式就赋予了符号的价值性，从而获得公众的信赖。因此，我们提出：

假设 3b：企业使命陈述中对顾客、伙伴、社区与环境等外部利益相关者关切会正向影响企业的经济绩效。

假设 4b：企业使命陈述中对顾客、伙伴、社区与环境等外部利益相关者关切会正向影响企业的社会绩效。

（三）企业使命陈述的价值观与利益相关者关切

Bart & Baetz（1998）发现，企业使命陈述的价值观、利益相关者与企业行为有较弱相关性。Lance leuthesser & Chiranjeev kohli（1997）通过对 393 家企业 CEO 问卷调查及其企业年报分析发现，使命陈述中价值观的公平、诚信对顾客和伙伴长期承诺、人力资本关系提高具有较强相关性。Maurer（2011）[184]等认为，基于内生的认知价值假定和社会建构的企业价值选择决定了企业对自身利益和社会价值的判定，为创造经济价值的战略选择使企业关注于与域内组织之间的互动原则，这种选择是基于企业对周围其他组织的成功模仿。从制度视角，企业的战略能力创造主要来自企业和域内组织输入的对企业文化塑造形成的合法性模仿（Maurer, Bansal & Crossan，2011；Dimaggio & Powell，1983）[184,5]。组织环境的动态性来自文化规范、（符号）标准、（信念）信仰和仪式[5]（Powell & DiMaggio，1991）。这种转变的核心是组织价值与行为标准的趋同，即组织的价值观与社会共享的价值理念的一致性形成的企业合法性，成为企业内在表现与外部环境评价的产物（Scott，2001）[140]。

制度的理论分析强调了社会信念和规范对社会秩序稳定化的影响（Stinchcombe，1997）。Zucker（1983，1987）[47,46]指出，现代制度秩序越来越多地赋予组织人格化，并把它们看作是自治的、连贯的（黏合在一起的或一致的凝聚性的）和负责任的行为人（Horowitz，1986）。这种感知使社会公众常常将组织看作是一个个人——拥有目标、任务、风格和个性（Pfeffer，1981；Tuzzolino & Armandi，1981）[50]。因此，公众更可能将具有与合法性需求相一致的组织看作是"内心有我们最佳利益"、"分享我们的价值"，并作出具有"最诚实"、"值得信任的"与"得体的"和"明智的"这种素质上的归类。这种归类显示了对组织具体行为是普遍感知组织合法性的外在的正面评价的本质（Suchman，1995）[52]。

因此，企业使命陈述的价值观是社会共享的价值理念塑造的。

即企业的外部制度环境塑造着企业的价值观，企业从内在条件对外部社会价值要求作出感知响应，这种响应程度，受到企业利益相关者基于外部制度环境提供的价值基础的观察和评价。企业以此为基础表达的对企业利益相关者的关切，以满足利益相关者对企业价值的评估。企业对合法性要求较高，在价值上与社会共享的价值体系一致性也会较高，对利益相关者的关切就会越广泛，获得合法性支持也会越多。因此，企业的价值观是由环境塑造的，并受到利益相关者监督，企业价值观代表了企业对利益相关者的态度，从而影响着企业的合法性基础。

企业在价值观上具有值得信赖的诚信道德素质和合作共赢的价值理念，会表现出对投资者利益的关切以及员工满意的关系管理，同时也会建立与伙伴和周围社区之间的信任与合作关系。具有卓越和创新的价值行为的企业，会更多地思考采取新的技术和生产方式来创造顾客价值，并通过这一方式为股东创造回报，员工也在企业的成功过程中获得职业成长。因此，企业价值观是企业在共享的信念体系内与内部利益相关者凝结为一个整体，与外部利益相关者建立起广泛的合作关系，以获得广泛的支持。

因此，我们提出：

假设 5a：企业价值观会正向影响企业对内部利益相关者关切。

假设 5b：企业价值观会正向影响企业对外部利益相关者关切。

（四）企业社会绩效与企业经济绩效关系

众多学者从企业社会绩效与经济绩效之间的关系测量结果，认为，企业的社会绩效有助于提高企业的经济绩效。同时，企业的经济绩效也会促进企业的社会责任行动（Mitcheal et al.，2000）。企业战略决策直接影响着企业资源的配置（Prahalad & Hamel，1990）[68]。从资源的稀缺性角度（Jay Barney，1991）[69]，不断变化的客户需求、市场制度与规则的调整，员工的生产培训以及与环境相关的技术改造都将加大企业对资源投入数量的需要。在资源条件有限的状态下，当资金和人力资源不变，企业对利益相关者关系战略的投入增加，就会影响企业对常态生产运营方面的资金和人力资源的投入量，较好的财务绩效水平提高了企业的资源流入总量的同时，也为企业在社会责任方面的投入创造了条件。当企业盈利增加，就会有条件增加对产品的质量改进，提高在产品安全和质量保证，加大对研发和创新上的投入，提高专利数量。企业增强在运营和售后服务上的管理责任，建立和完善客户关系管理体系和产品质量管理体系，提高产品的合格率和召回制度，就会扩大企业新产品的销售，从而提升企业在市场上的盈利水平。

而具有社会责任的企业能够善待员工，并注重与客户间的关系管理，注重消费者利益，在产品设计过程中考虑产品的安全，以诚信经营的理念建立和完善公平竞争的理念和价值链管理制度，从管理上提高企业的经营效率和管理效率，使企业与合作伙伴之间建立起良好的战略共享机制与平台，完善责任采购制度，提高责任采购比率，认真履行合同，提高企业的信用等级，以建构良好的供货管理与销货管理价值链。当企业与供货和销货商建立起良好的合作伙伴关系，注重与合作伙伴之间的责任关系，就会提高企业的存货与销货款项与货物之间的周转效率，从而提高企业的运营能力。

企业在创造经济价值同时惠顾社区与环境的协调和可持续发展，在赢得社会尊敬（McWilliams, Siegel & Wright, 2008）[59]的同时，也会提升企业的声誉，扩大企业在社会上的影响，进而提高企业的竞争优势（Rodriguez, Ricart & Sanchez, 2002）[110]。

企业认真履行代理责任，建立和完善与投资者之间的责任管理体系，注重资金使用的安全性、收益性和成长性，积极应对宏观环境对企业财务绩效的影响，从而增强企业的股东责任。当企业的股东责任提高了，就会增强企业资金使用的安全性、收益性与成长性。

因此，我们提出：

假设 6：企业的经济绩效与企业的社会绩效具有相关性，企业过去的经济绩效会正向影响企业的社会绩效。

假设 7：企业的社会绩效与企业的经济绩效具有相关性，企业的社会绩效会正向影响企业今后的经济绩效。

（五）制度的调节作用

Bartkus（2007）发现，企业使命陈述对利益相关者的关切并没有与相应的社会绩效产生显著的关联性。Bartkus 等人将这一结果归于制度合法性的作用结果，认为企业为迎合利益相关者的需求，通过使命陈述传递对利益相关者的关切，目的在于能够满足利益相关者对企业的期待，提供这种关切会获得合法性支持。然而，Bartkus 等同时也发现，企业较好的社会绩效反而在使命陈述中提及得较少，触发企业社会责任进一步行动的制度作用机制并没有得到验证。制度作为一种战略制定的背景条件，可以作为调节变量探讨在不同制度背景下战略对绩效的影响（刘忠明，2009）①。制度是社会的博弈规则（North，1990），它通过建构规则和规范构造和统治社会成员间关系的秩序。在企业层面上，制度通过限制成员的行为来直接影响或调节组织活动与绩效的关系[45,140]（Scott，1995，2001：p50：11－13）。制度从管制（Regulative Pillar）、规范（Normative Pillar）和社会文化认知系统（Cognitive Pillar）三个支柱（Scott，1995）形式来对成员施加压力，通过期间的互动作用，调整对社会成员互动机制秩序治理的效率（Scott，1995，2001：p51：1－11）[45,140]。

从战略视角，制度环境是企业战略选择的重要背景（Dimaggio，1988），Oliver（1991）把企业对外部和内部的制度压力的遵从分为五种战略模式，包括勉强同意、妥协、回避、挑战（反抗）和操纵。通过这五种方式，企业衡量获得的持久效益和支付。这些效益包括企业的资源和资金能力，而支付包括交易成本和预算。

管制支柱是解决社会秩序的权宜措施（Expedience），以具有

---

① 刘忠明. 从制度理论入手的中国管理研究：回顾与前瞻［J］. 战略管理，2009（1）.

法律效力的权威（如国家或政府）机构颁布法律、政策、规章等明确的文字条款和具体的实施流程等系统工具方式，通过强制执行约束管理成员的行为，这种强制性制度具有奖励和惩罚特征以达到制约成员行动的目的，成为协调社会成员秩序的重要制度支柱之一。但经济学家认为，管制支柱的代理和治理成本支出较高，代理和激励相对于管制效率，管制规则的制定和实施支付会影响社会成员互动机制秩序的治理效果（Zeckhauser，1985；Milgrom & Roberts，1992；Scott，2001；P53：23－26，North，1990)[140,139]。John Child & Tsui（2006)[169]通过对比中国台湾和大陆企业不同环境管制制度约束，发现新兴经济体的环保战略。由于政府管制、社会规范和学习模仿会导致相同制度环境下的企业在结构和行为上相似，新兴经济的可持续发展战略是外部约束与内部反应两者间的互动，由于新兴经济体对管理、技术和资金的需求产生一种制度协商机制，从而使环境管制成为外资企业环保战略与外部利益相关者之间的绥靖。基于以环保战略为纵轴和制度约束为横轴的二维模型就产生了在制度约束较强背景下，跨国企业选择遵循甚至主动与管制机构合作的反应战略；或者在自身具有优势资源的条件下与环境监管通过协商争取最大利基。而当制度环境的管制力度较弱，有较高道德规范的跨国公司则会建立主动地位，引导当地的环保秩序建立，而道德要求较低的公司则会采取遵循最低的环保要求，甚至以支付罚款为代价不履行环境责任。这说明，企业相对于管制和成本支出会在道德基础上进行比对，制度压力的大小决定了战略的反应模式和绩效的高低。

因此，我们提出：

假设 8a：管制性制度会正向调节企业利益相关者关切与企业社会绩效关系，企业受到管制性制度压力程度越高，企业使命陈述越会重视对内部利益相关者的关切，社会绩效越高。

假设 8b：管制性制度会正向调节企业利益相关者关切与企业社会绩效关系，企业受到管制性制度压力程度越高，企业使命陈述越会重视对外部利益相关者的关切，社会绩效越高。

制度理论（Powell & DiMaggio，1991)[153]强调，组织环境的动

态性不是源于技术或物质的要求，而是来自文化规范、（符号）标准、（信念）信仰和仪式。规范支柱是对成员行为的社会责任要求（Social obligation）（Scott，2001；P52：54）[140]。社会规范是组织嵌入的社会环境从历史延续而约定俗成的惯例、评估和责任义务。规范系统由价值（Values）和规范（Norms）两部分组成（Scott，2001；P54：32）[140]，价值是有关偏爱或首选与令人满意的或值得需要的概念，是与既有结构或行为的建构标准一起能够进行比较或评估的系统结构（Scott，2001；P54：33）[140]。规范具体是指做事的方式，通过合法的手段来寻求有价值的结果（Scott，2001；P55：）[140]。规范系统定义目标或目的（如决定博弈的胜负或获得经济利益）。价值和规范适用于社会成员整个集体，并被看作是对社会成员施加约束典型方式（Scott，2001；P55：16--17）[140]。一些价值和规范被作为成员分类和地位的筛选，从而产生社会角色，这些角色的行动价值和规范通过社会一致的标准系统评估，从而具有社会普遍期望的角色价值含义。由于规范制度的约束作用，使社会成员为获得社会期望的价值含义而采取响应标准的行动。同时，这些行动也得到社会许可并获得实施的可能。通过协商权利与责任、特权与任务、许可与要求，使社会赋予角色的许可和行为标准在行动范围和禁止领域相匹配。分析认为，组织遵循制度规则，更多是组织行为对具体的经营流程标准、行政系统和文化的政治制度遵从，反映了政策制度对日常活动方式的设定与管理。这些流程、行政系统和文化以日常的活动方式、程序、惯例、角色、战略以及组织模式、规章制度等体现。企业为寻求稳定性和更多成功的机会，会选择社会能够识别的标准和规范来管理自身的行为，加入到更多的组织，获得更多的标准规范认证，以减少与社会流行系统的不一致带来的成本，寻求获得成功的基础（March and Olsen，1989）。组织目标的改变对内部成员行为形成新的约束。（Selznick，1989）

因此，我们提出：

假设9a：规范性制度正向调节企业对利益相关者关切与社会绩效间关系，企业受到规范性制度压力程度越高，企业使命陈述对内部利益相关者越关注，企业社会绩效越高。

假设 9b：规范性制度正向调节企业对利益相关者关切与社会绩效间关系，企业受到规范性制度压力程度越高，企业使命陈述对外部利益相关者越关注，企业社会绩效越高。

全球化进程也是企业管理的国际标准化过程，企业既受到本国政策管制，同时也受到国际社会统一的规范与标准的监督。遵从中国政府相应管制机构制定的政策，使企业能够获得在中国境内经营活动权利；而国际惯例和规范从采购、产品设计、流程到成品与包装回收等制订了详细的标准，遵循这一标准并得到认证，表明这样的企业符合在国际市场经营的基本素质，满足了国际社会对参与全球竞争成员的资质要求，这样的企业也就获得了在国际市场经营的资格，能够进入国际市场经营。因此，来自国际社会的可持续发展或社会责任标准认证机构的认证就成为一种限制各国企业进入国际市场的标准和行为规范，签约和认证形式形成的国际惯例对于各国企业来说就成为一种规范性制度约束。源于中国政府的管制性制度带有转型经济时期特有的制度特征，而国际标准和规范是来自于受西方文化主导的康德与亚里士多德的价值哲学基础与美国式的人权标准，两种制度形式对走向国际市场的中国企业和在中国境内经营的外资企业共同产生约束和管理作用，而由于管理形式的不同，也会给企业的战略和绩效带来不同的影响。在这种情况下，企业对合法性需求不同，实施可持续发展战略所关注的利益相关者程度也会不同，企业的社会绩效也不同。研究发现，当企业制度内容产生冲突，或含义模糊，或者两者之间的融合与衔接形成管理定义域范围的模糊，使企业对企业的战略难于抉择，都会降低企业的进一步行动。在这种情况下，企业对于内部利益相关者的关系更易于管理，而对于外部利益相关者的关系则主要观察企业与外部制度的契合程度。

因此，我们提出：

假设 10a：管制性与规范性制度的双重作用会调节企业对内部利益相关者关切与社会绩效关系，两种制度协调程度越高，企业使命陈述对内部利益相关者带来的企业社会绩效越高。

假设10b：管制性与规范性制度的双重作用会调节企业对外部利益相关者关切与社会绩效关系，两种制度协调程度越高，企业使命陈述对外部利益相关者带来的企业社会绩效越高。

（六）其他调节变量——所有权结构

不同制度环境会调节企业战略与绩效之间的关系。为进一步发展使命陈述与企业绩效之间的关系，扩展这一研究领域的深度和广度，我们通过分析在不同环境系统中的企业使命陈述对企业绩效的关系来扩展理论结构，以充分发掘变量之间所隐含的结构关系。

M. Peng（2004）认为，在转型经济体内，企业所有权结构分为个体联盟和机构两种投资主体管辖。中国境内企业一方面是来自国资委的以政府机构为主的投资，另一方面是来自民间市场的个体与机构联盟投资。我们称以国资委投资为主体的企业为国有企业，而以民间机构投资为主体的企业为民营企业。

国有企业资本来自国家，尽管转型经济条件的约束已将行政干预下放，接受市场的调节，但作为投资人的国资委，依然履行对国有企业的人事、资金和行政上的管辖权。这种对企业重要经营资源的控制，导致企业决策在很大程度上依赖于或受制于国家的行政权力和政策监督。国家在对国有企业和民营企业的政策管制上，也采取不同的方式，比如，针对国有企业的社会责任问题，国资委下发了《中央企业履行社会责任的指导意见》；而针对民营企业则主要依赖于市场规范制度调节，比如，为增强企业的社会责任，深圳证券交易所颁布了《深圳证券交易所上市公司企业社会责任披露指引》，民营企业为获得市场经营的优势，更多从标准和规范上寻求合法性支持。因此，国有企业的行为和战略会与完全市场化的民营企业存在不同的制度管制环境。

因此，我们提出：

假设11：管制制度与规范制度对国有与民营企业具有不同的调节作用，管制制度在国有企业使命陈述对利益相关者关切与社会绩效之间的调节作用更强。

假设 12：管制制度与规范制度对国有与民营企业具有不同的调节作用，规范制度在民营企业使命陈述对利益相关者关切与社会绩效之间的调节作用更强。

上述研究框架结构与假设概括如图 3.3：

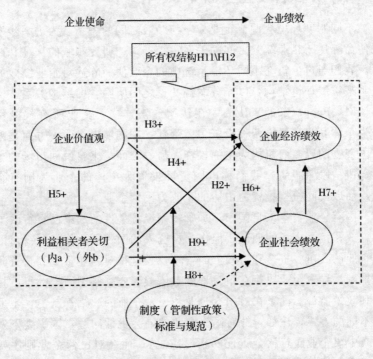

图 3.3　研究的概念框架

第四章　样本和模型变量测量

在第三章的研究假设和概念框架设计基础上，本研究采用面板数据与截面数据相结合的方式，通过对收集数据的分析和整理，使用因子分析和回归分析来验证所提出的概念模型假设。通过对样本企业社会责任报告、可持续发展报告披露的企业可持续发展行为反应的政策管制依据和行动执行标准作为企业感知的管制制度和规范制度压力变量信息来源；采用 SPSS STATISTIC 17 的最小二乘法回归分析所归集的数据来验证提出的假设。本章着重报告研究数据的具体收集方法和样本特征。

一、数据收集和样本特征

（一）数据收集

1. 因变量

本研究的因变量是企业的社会绩效和经济绩效。Wood（1991）认为社会绩效是企业各种活动形成的对社会、利益相关者和企业自身的成果产出，对其测量是一个系统结构和评估，经济绩效是企业社会活动对自身资源增殖的成果。中国社会科学院（CASS）联合国资委等部门经过多年调研，建立了我国企业社会责任评价指标，并于 2009 年和 2010 年公布了中国国有、民营和外资企业 100 强企业社会责任指数报告。这一报告参照了全球报告系统（GRI）、英国会计协会与社会责任咨询委员会、道琼斯可持续发展资产管理委员会以及其他企业社会责任研究机构的总结成果，经过充分调研论证设定的社会责任指标评价体系。中国社会科学院报告指数由责任管理、市场责任、社会责任和环境责任四个部分组成，这四个责任部分设计了 14 个二级子项，共计包含 160 个三级明细项。每个企业的责任指数均按照下面的公式计算：$Index = \sum w_j \times A_j$，其中，$W_j$ 代表各部分得分，A_j 代表各部分权重。经过社科院经济学部社会责任中心从企业社会责任报告、财务报告、企业官方网站等公开渠道搜集企业主动披露的社会责任管理现状和信息披露水平进行全方位的评价形成的研究成果（陈佳贵等，2010），具有较高的可靠性。

中国社会科学院确定的责任指数包括责任管理、市场责任、社会责任、环境责任四个部分。责任管理主要指企业责任理念、责任规划、利益相关方及其沟通机制、守法合规体系。市场责任包括企业对客户的责任、对伙伴的责任和对股东的责任。对客户责任评价主要涉及客户关系管理体系、支持产品服务创新的制度措施、研发投入和专利数量以及对设计过程中考虑产品安全的要素、新产品销售和产品质量管理体系和产品的合格率、召回措施等。对伙伴责任评价主要涉及采购机制和价值共享制度以及公平竞争的原则。股东责任评价主要涉及企业的成长性、收益性和资产的安全性，以及投资者关系的管理体系和宏观政策的分析。社会责任部分包括企业对政府、员工、安全与社区的责任。对政府的责任，涉及企业对国家宏观政策的响应，企业照章纳税情况和带动就业的措施与成效；对员工的责任，涉及企业遵守劳动合同法，对员工劳动权和人权的尊重以及就业公平和职业发展；安全生产责任，涉及企业安全生产管理体系的建立和安全生产投入程度，保障企业的生产环境和安全管理机制，确保员工的生产安全；对社区的责任，涉及企业经营活动带给当地的影响，以及对本地区应尽的发展义务，如带动就业、本地化采购解决当地经济发展，参与本地区的公益性活动等，如企业对经营所在地区的扶贫、教育投入。环境责任包括环境管理体系、节约能源与资源，企业的减排降污措施等。环境责任涉及环境管理体系和绿色生产制度；企业节约能源与资源涉及企业对水、电、可再生资源和废气、废水与废渣的利用状况；减排降污主要考核企业减少废气、废渣、废水、粉尘、噪声等的措施与成效。

每个企业的社会责任活动与成效均由中国社会科学院企业社会责任调查委员会小组通过对企业社会责任报告、网站信息以及企业年报提供的社会责任现状和信息披露情况作出各项目的指标得分。

效仿 Bernadette，Muralidhar，Brown，Janney and Paul（2001）使用 KLD 指数作为企业社会绩效指标与企业财务绩效的关系研究，Hillman & Keim 使用 KLD 社会问题管理来测量利益相关者管理活动；Bartkus & Glassman 也利用 KLD 指数作为因变量来测量使命陈述与利益相关者管理活动之间的关系。因此，我们将中国社会科学院公布的企业社会责任指数作为本研究中企业的社会绩效指标。

我们从聚源数据网站和东方财富金融分析网站分别检索了样本企业的上市公司及其下属上市公司在国内深圳和上海证券交易所A\B股市场、香港和美国纽约市场的年报资料和投资公司对企业经营能力、盈利能力和成长能力的分析，通过东方财富网站和聚源数据库以及新浪财经股票基金分析数据收集样本企业上市公司2007、2008、2009、2010 年的经营能力、盈利能力和成长能力数据。经营能力的指标包括存货周转率和应收账款周转率；盈利能力包括销售毛利率和净资产收益率；成长和发展能力包括主营收入增长率、总资产增长率和净资产增长率。取其均值作为财务绩效指标。以上年财务绩效指标为自变量，测量对社会绩效的影响，以次年财务绩效作为因变量，测量社会绩效对财务绩效的作用，以次年指标测量使命陈述的价值观、利益相关者关切的影响。

2. 测量变量

本研究要测量的是企业使命陈述价值观和对利益相关者关切与企业社会绩效和经济绩效关系。因此，我们的自变量包括企业使命陈述的价值观内容和利益相关者要素。

我们采用质性研究方法，通过语意分析，筛选和提炼使命陈述的价值观和涉及的企业利益相关者情况。

质性研究通常是对大量文字、视频音像等资料进行梳理，通过对大量相近或相似事件编码，分析寻找各种环境状况下发生事件间的内在逻辑关系（Miles & Huberman，2008）。从所观察的人、事物和事件的进展过程提炼出研究需用的资料。因此，我们以2009 \ 2010年中国社会科学院公布的企业社会责任100强企业的网站中搜索"关于我们"或"公司文化"含有的使命陈述内容以及在公司年报和社会责任报告中披露的使命陈述，获得了210家企业的使命陈述内容。这些样本中的使命陈述语句，最少5行字，最多有达28页之多的《企业文化管理手册》，分别描述企业的使命、愿景、价值观、企业理念和企业精神等，样本企业的使命陈述水平基本具备了David（1989）和Davis（1997）以及Bartkus（2004，2007）对使命陈述要素指标和利益相关者涵括内容与战略指导的要求相一致。样本企业广泛分布于交通、金融、服务与制造业等领域。

由于这些资料来自企业和公共研究机构向公众公开披露的信息，代表了企业最直接的思想内涵和经营状况，较之以问卷方式获得的数据资料更能深刻反映数据的真实性、科学性与严谨性。问卷方式尽管迅速有效，但不可避免地会有回答者对敏感问题的回避和修饰企业存在缺陷的绩效表现，特别是企业在制度环境压力下的可持续发展战略关系到企业的声誉和形象，回答者会更慎重地考虑使用陈述对关键决策上的影响。而来自企业网站和通过非政府组织第三方调查得出的公开披露的信息，是在统一的标准和测量规范下完成的，因而更能准确反映企业使命与绩效的内在关系。本研究数据收集工作始于2010年2月，截止到2011年5月。

（二）样本特征

本研究数据来自中国社会科学院公布的中国企业100强的二手数据，通过对企业网站检索质性资料进行编码，其产业分布按照中国社会科学院统计对应的国民经济行业分类，企业性质按照中国社会科学院分类统计并公布的资料为主。样本特征涉及所有权结构特征、企业区域分布、外资企业全球分布、行业分布、企业年龄特征、上市公司属地区域分布、资产规模、人员规模等。

1. 所有权结构特征

本研究的样本来自中国社会科学院企业社会责任研究中心公布的 2009 年、2010 年中国 100 强企业社会责任指数披露的 329 家国有、民营和外资企业，其中，2009 年的 100 强国有企业与 2010 年的 100 强企业在排名上有调整，交叉重复 76 家，有 25 家 2009 年 100 强企业在 2010 年被剔除，新增 25 家企业，这样从 2009 年和 2010 年共获得 125 家国有企业名单，而民营企业和外资企业，各自仅有 1 家企业调整。这样总体样本为 327 家。

本研究针对中国社会科学院公布的 327 家企业的资料，分别检索了样本企业的网站、企业社会责任报告与可持续发展报告，通过对企业的网站和企业社会责任报告、年报等资料的收集，327 家企业中有 210 家企业具有使命陈述，占总体样本的 64.22%。为进行配对样本检验，比较企业使命与社会绩效间的关系，本研究选取 2009 年和 2010 年排名均进入 100 强的国有企业，实际有 115 家国有企业拥有使命陈述和 2009 年与 2010 年的企业社会绩效指数，占国有企业总体样本的 92% (115/125)，占有效样本总体的 54.76% (115/210)；民营企业 51 家，占民营企业总体样本的 50%，占有效样本总体的 24.29% (51/210)；外资企业 44 家，占外资企业总体样本的 43.56% (44/101)，占有效样本总体的 13.46% (44/210)。

从所有权结构分布特征可以看出，115 家国有企业占样本数 210 家企业一半以上，达到 54.75%，分别高于民营企业和外资企业，51 家民营企业占样本的 24.29%，44 家外资企业占样本的 24.29%。

表 4.1 　　　　　　　　　　**企业所有权结构特征**

企业性质	有效样本数量	占比	总样本	比例%
国有	115	54.75	125	92.00
民营	51	24.29	101	50.00
外资	44	13.46	101	43.56
合计	210	100	327	64.22

2. 企业区域分布

210 家样本企业中，总部位于京津地区的企业为 86 家，占 40.95%（86/210），其中国有企业 62 家，占 53.91%，民营企业 6 家，占 5.22%，外资企业 18 家，占 15.65%；沪（长三角）地 32 家，占 15.24%（32/210），其中国有企业 13 家，占 6.19%，民营企业 8 家，占 3.81%，外资企业 11 家，占 5.24%；粤、港、深（珠三角）34 家，占 16.19%（3410），其中国有企业 11 家，占 5.24%，民营企业 10 家，占 4.76%，外资企业 13 家，占 6.19%；内地省区 58 家，占 27.62%（58/210），其中国有企业 29 家，占 13.81%，民营企业 27 家，占 12.86%，外资企业 2 家，占 0.95%。

从企业的区域分布来看，大部分样本企业分布于京、津、沪、粤、港、深地区，为 152 家，占样本的 72.38%，58 家内地省区占 27.62%。进入企业社会责任 100 强的沿海地区企业数量明显高于内地省区数量。

表 4.2 　　　　　　　　　　**企业总部地理区域分布**

分类	京津地区	占比（%）	沪（长三角）	占比（%）	粤、深、港（珠三角）	占比（%）	内地省区	占比（%）	总计
国有	62	29.52	13	6.19	11	5.24	29	13.81	115
民营	6	2.86	8	3.81	10	4.76	27	12.86	51
外资	18	8.57	11	5.24	13	6.19	2	0.95	44
合计	86	40.95	32	15.24	34	16.19	58	27.62	210

3. 外资企业全球分布

210 家企业中，有 44 家外资企业，其中来自美国的美资企业 13 家，占 29.55％（13/44），占有效样本的 6.19％（13/210）；来自欧洲的企业 10 家，占 27.27％（10/44），占有效样本的 4.76％（10/210）；来自日本的企业 14 家，占 31.81％（14/44），占有效样本的 6.67％（14/210）；来自韩国的企业 1 家，占 2.7％（1/44），占有效样本的 0.47％（1/210）；来自新加坡的企业 6 家，占 13.64％（6/44），占有效样本的 2.86％（6/210）。

从外资企业的全球分布可以看出，44 家有效样本企业中，欧洲、美国、日本等发达国家企业占绝大多数，欧美企业有 23 家，亚洲的日本企业 14 家，合计 37 家，占 84.9％，韩国、新加坡企业 7 家，仅占 15.9％。

表 4.3　　　　　　　外资企业母公司全球分布

国家	美国	欧洲	日本	韩国	新加坡	合计
样本	13	10	14	1	6	44
占比（％）44	29.55	27.27	31.81	2.7	13.64	100
占比（％）210	6.19	4.76	6.67	0.47	2.86	20.95

4. 行业分布

210 家样本企业主要涉及金属冶炼及制造 11％（36/210）、交通运输设备 7％（23/210）、机械设备 5.2％（17/210）、通信 2.1％（7/210）与计算机设备 5.2％（17/210）以及化学品 4.3％（14/210）等制造业，多元化的混业 17.7％（58/210）、金融保险 5.2％（17/210）、电力 0.6％（2/210）、通信服务 0.9％（2/210）、贸易批发与零售 8.57％（18/210）、交通运输服务 4％（13/210）、建筑与房地产 3.1％（10/210）等。

从行业分布上可以看出，样本企业可主要概括分为生产制造业与服务贸易流通的非制造业两大类（见表 4.4 各子栏目）。

表 4.4　　　　　　　　　　**行业分布特征**

行业分类	包含样本数量	占比（％）	行业分类	包含样本数量	占比（％）
[a]金属冶炼及制造	36	11.0	[b]交通运输服务	13	4.0
[a]交通运输设备制造	23	7.0	[b]零售业	11	3.4
[a]机械设备制造	17	5.2	[b]银行、保险	17	5.2
[a]计算机设备制造	17	5.2	[b]贸易批发	7	2.1
[a]化学品制造	14	4.3	[b]通信服务	3	0.9
[a]石油天然气开采	9	2.8	[b]电力供应	2	0.6
[a]电子产品	9	2.8	[b]一般服务	2	0.6
[a]矿产开采	11	3.4	[b]农林牧渔	1	0.3
[a]通信设备制造业	7	2.1	[b]混业	58	17.7
[a]电力生产	5	1.5	[b]建筑业、房地产	10	3.1
[a]制药	4	1.2	[a]食品饮料	10	3.1
[a]非金属加工	3	0.9	[a]家用电器制造	4	1.2
[a]造纸	2	0.6	[a]纺织与服装加工	6	1.8

注：a——矿产冶金与制造业；b——非制造业。

5. 企业年龄特征

样本企业中，既有年龄最久的具有百年历史的成立于清政府时期的招商局集团，也有中国加入世界贸易组织后组建的国有上市公司，在百年的中国社会制度变迁各个不同历史时期，企业的发展各具特色。本研究结合中国社会制度发展变迁的不同阶段，将样本企业分为五个阶段。这五个阶段中，年龄大于等于 62 年的，1949 年新中国成立前设立的企业有 3 家，目前全部为国有企业，占国有企业样本数 115 家企业的 2.61％，占 210 家有效样本企业的 1.43％；1949 年新中国成立后至改革开放的 1978 年之间，我国实行计划经济时期设立的企业为 38 家，这一时期企业年龄在 32～62 年之间，占 210 家有效样本企业的 18.09％，目前分布于国有企业 30 家，民营企业 7 家，外资企业 1 家。1978 年我国开始进入社会制度转型初期，这一时期设立的企业有 59 家，当前的企业年龄在 20～32 年之间，占 210 家有效样本企业的 28.09％，目前分布于国有企业 24 家，民营企业 22 家，外资企业 13 家。1992 年以后，我国逐步进入全面改革开放时期，从 1992 年至 2000 年我国"入世"，这一时期设立的企业有 69 家，当前的企业年龄在 10～20 年之间，占 210 家有效样本企业的 32.86％，目前分布于国有企业 25 家，民营企业 19 家，外资企业 25 家。2000 年以后，我国开始加入世界贸易组织，此阶段国家开始整合国内企业，加大在国际市场的竞争强度，这一时期设立的企业有 35 家，当前的企业年龄在 10 年以内，占有效样本企业的 16.67％，目前分布于国有企业 27 家，民营企业 3 家，外资企业 5 家。

从样本年龄分布来看，改革开放以后近 30 年成立的企业有 169 家，占有效样本总量的 80.48％，计划经济时期成立的的企业为 41 家，占 19.52％。样本企业的平均年龄为 25.33 年，其中国有企业平均年龄为 27.78 年，民营企业为 24.39 年，外资企业为 20 年。

表 4.5　　　　　　　　　　企业年龄分布　　　　　　　　（单位：年）

分类	国有	占比（％）	民营	占比（％）	外资	占比（％）	合计	占比（％）	备注
0≥10	27	23.48	3	5.88	5	11.36	35	16.67	2000 年"入世"后成立企业数
10≥20	25	21.74	19	37.25	25	56.82	69	32.86	1992 — 2000 年全面改革开放至"入世"前成立企业
20≥32	24	20.87	22	43.14	13	29.55	59	28.09	1978 年改革后至 1992 年全面开放前成立企业

分类	国有	占比 (%)	民营	占比 (%)	外资	占比 (%)	合计	占比 (%)	备注
32≥62	30	26.09	7	13.73	1	2.27	38	18.09	1949年新中国成立后至改革开放期间成立企业
62≥~	3	2.61	0	0	0	0	3	1.43	1949年前成立
合计	115	100	51	100	44	100	210	100	—

6. 上市公司属地区域分布

210家样本企业既有在沪深股市上市公司，也有在香港、纽约、伦敦等境外证券机构上市企业，在沪深上市的企业有143家，占总有效样本的68.09%，其中国有企业112家，占78。32%，占有效样本的53.33%；民营企业31家，占21.68%，占有效样本的14.76%。在香港上市的企业有74家，占有效样本的35.23%，其中国有企业59家，民营企业12家，外资企业3家。在美国纽约证券交易所上市的企业23家，占有效样本的10.95%，其中国有企业8家，外资企业15家，没有民营企业。在欧洲伦敦交易所上市企业为9家，占有效样本的4.29%，其中，国有企业3家，外资企业6家。日本的14家企业和中国台湾、新加坡企业均在本国或地区境内的东京证券交易所、中国台湾和新加坡证券机构上市，受本国或地区证券管理制度管制。

本研究将在沪深上市企业中涉及在境外上市企业均归类为境外上市公司，从境内沪深上市机构剔出，这样本研究样本中在沪深上市企业有108家，占210家有效样本的51.43%，在境外机构上市企业102家，占210家有效样本的48.57%。

表 4.6　　　　　　企业上市属地区域分布

分类	沪深	占比（%）	香港	占比（%）	美国	占比（%）	欧洲	占比（%）	日本	占比（%）	台新	占比（%）
国有	112	97.39	59	51.3	8	6.96	3	6.0	—	—	—	—
民营	31	6078	12	3.53	0	0	0	0	—	—	—	—
外资	0	0	3	6.82	15	34.09	6	77.48	14	31.81	3	6.82
合计	143	68.1	7	35.24	23	10.95	9	5.215	14	31.81	3	6.82

注：未标注表明未在上述上市机构检索到相应条件的公司名称或代码。

7. 资产规模

本研究将企业的资产规模划分为五个档次，100 亿元以下企业、100～500 亿元、500～2000 亿元企业、2000～5000 亿元规模以及 5000 亿元以上企业。5000 亿元以上规模企业有 20 家，占有效样本的 9.52%，其中国有企业 14 家，占 70%，占 210 家有效样本企业的 6.67%，民营企业 5 家，外资企业 1 家；2000～5000 亿元企业 24 家，占 11.43%，其中国有企业 21 家，占 87.5%，占210 家有效样本的 10%，民营企业 1 家，外企 2 家；500～2000 亿元企业 63 家，占 30%，其中国有企业 46 家，占 73%，占有效样本的 21.9%，民营企业 5 家，外资企业 12 家；100～500 亿元企业58 家，占 27.62，其中国有企业 33 家，占 56.89%，占有效样本的 15.71%，民营企业 14 家，外资企业 12 家；100 亿元以下企业38 家，占 18.09%，其中国有企业 1 家，民营企业 23 家，占60.53%，占有效样本 10.95%，外资企业 14 家，占 36.84%，占210 家有效样本的 6.67%。

表 4.7　　　　　　　　　　企业资产规模分布　　　　　（单位：亿元）

分类	国有	占比（%）	民营	占比（%）	外资	占比（%）	合计	占比（%）
0≥100	1	0.87	23	45.09	14	31.82	38	18.09
100≥500	33	28.7	14	27.45	11	25.00	58	27.62
500≥2000	46	40	5	9.80	12	27.27	63	30
2000≥5000	21	18.26	1	1.96	2	4.55	24	11.43
5000>	14	12.17	5	9.80	1	2.27	20	9.52
合计	115	100	48	94.11	40	90.91	203	96.67

注：存在 7 个缺省值。

8. 人员规模

国资委 2003 年制订了《统计上大中小企业划分办法》，本研究对各行业企业按照万人规模相应的标准划分为 2 万人及以下企业、2 万～5 万人、5 万～10 万人、10 万～30 万人以及 30 万人以上五类。其中 30 万人以上企业有 20 家，占有效样本的 9.52%，其中国有企业 17 家，占 85%，占有效样本的 8.09%，外资企业 3 家，样本企业中没有民营企业的人员规模达到或超过 30 万人；10 万～30 万人规模企业有 36 家，占 17.14%，其中国有企业 27 家，占 75%，占 210 家有效样本的 12.86%，民营企业 3 家，外资企业 6 家；5～10 万人企业有 40 家，占 19.05%，其中国有企业 26 家，占 65%，居有效样本的 12.38%，民营企业 7 家，外资企业 7 家；2～5 万人企业 49 家，占 23.33%，其中国有企业 24 家，占 48.98%，占有效样本的 11.43%，民营企业 15 家，占 30.61%，占有效样本的 7.145%，外资企业 10 家，占 20.41%，占有效样本的 4.76%；2 万人以下企业 48 家，占 22.86%，其中国有企业 14 家，占 29.17%，占有效样本的 6.67%，民营企业 18 家，占 37.5%，占有效样本的 8.57%，外资企业 16 家，占 33.33%，占 210 家有效样本的 7.62%。从企业规模总体分布看，人员规模 5 万人以上企业有 96 家，有 70 家国有企业，占 72.92%，占 210 家企业的 33.33%。5 万人以下企业在国有、民营和外资企业分布较为均匀，各占 20% 左右，样本企业在人员规模分布上具有较为理想的代表性。

表 4.8 企业员工规模分布 （单位：万人）

分类	国有	占比（%）	民营	占比（%）	外资	占比（%）	合计	占比（%）
0≥2	14	12.17	18	35.29	16	36.36	48	22.86
2≥5	24	20.87	15	29.41	10	22.73	49	23.33
5≥10	26	22.61	7	13.73	7	15.91	40	19.05
10≥30	27	23.48	3	5.88	6	13.64	36	17.14
30>	17	14.78	0	0	3	6.82	20	9.52
合计	108	93.91	43	84.313725	42	95.45	193	91.91

注：存在 13 个缺省值。

二、变量指标

本项研究涉及的主要变量包括：

因变量：企业社会绩效和企业经济绩效。通过政府政策研究机构和非政府金融市场分析机构的二手数据获得企业的社会绩效指数和经济绩效水平。企业社会绩效指数包括：责任管理、经济责任、社会责任和环境责任四个方面，经济绩效水平包括盈利能力、经营能力和成长能力三个方面。

测量变量：企业价值观和利益相关者关切。Dimaggio & Powell（1983）认为，一种形式或活动的密集程度或流行程度被作认知合法性的指标。企业的使命陈述回答了企业存在的价值和意义，使命价值观是企业对社会共享价值与规范理念作出的内在反映，代表了企业认知合法性。对有关企业使命陈述价值观流行词语出现频率的归结，可以揭示国内企业的价值观维度。本研究通过对使命陈述的语意分析，采用质性研究方法，通过编码来筛选使命陈述的价值观和对利益相关者关切要素。

调节变量1：管制性制度和规范性制度。管制性制度由国家政策指导性文件归集获得；规范性制度由国际惯例、规范和标准构成。在测量中，受到国家政策性管制制度约束越多，管制性制度变量的得分越高；受到国际惯例、规范和标准约束愈多的企业，规范性制度得分越高。

调节变量2：所有权结构。来自社会不同层面资本形成了国家资本投资的国有产权占主体的国有企业，民间投资机构资本占主体的民营企业，以及外国资本投资机构的外资或合资企业，本研究主要比较分析了国有、民营两部分制度环境中企业的差别。

控制变量：影响企业资源的配置能力并对绩效产生影响的主要成分，包括企业人员规模、资产规模和年龄。

三、变量测量

基于本章的数据归纳，本节内容将逐步介绍各个变量的测量方式，以为进一步计量分析奠定基础。

（一）被解释变量—企业绩效

1. 企业经济绩效

企业的经济绩效代表了企业在实施可持续发展战略过程中带给企业财务上的持续能力。大多数研究将企业的资产回报率或营业收入作为衡量企业取得竞争优势的测量指标，但这仅能反映企业在一个时间点上的水平，而无法观察企业实施可持续发展战略后续一个时期企业的盈利能力、与客户和周边环境关系的改善和管理能力的提升，更无法测量企业经济上的可持续发展的成长能力。本研究则选取代表经营能力的存货和应收账款周转率，代表盈利能力的销售毛利率和净资产收益率，以及代表成长发展能力的主营业务收入增长率、总资产增长率和净资产增长率作为测量指标，以社会评估机构公布的企业当年社会责任指数为始点，观察前后 3 年的经济水平，来综合验证中国情境下企业社会绩效与经济绩效关系。

企业存货是公司与供货商之间关系的协调过程，企业存货量低、周转效率高，表明企业与供应商和销售之间关系合作较好，利用存货的融资能力较强；而应收账款周转率代表了企业与销售伙伴或客户之间的关系，应收账款周转效率高表明企业与销售伙伴和客户之间关系管理协调好，回款速度快，增强了企业融资能力。因此，我们以存货周转率和应收账款周转率为企业经营能力测量指标，观察企业与供应商和伙伴之间的关系绩效改善情况。

销售毛利率和净资产收益率代表了企业的盈利能力，企业盈利能力一方面来自产品性能带来的价值增值，另一方面来自来企业销售总量的规模提升水平，代表了企业技术优势和研发能力以及销售市场的改善。因此，测量企业盈利能力的改进，能够观察企业在市场能力的提升和与消费者和客户之间的关系改进取得的经济绩效情况；

主营收入增长率代表企业一个时期市场扩张情况，总资产增长率代表企业一个时期的融资经营规模，而净资产增长率代表企业资本的扩张能力。这些指标说明企业在一定时期内的成长和发展水平，代表企业未来的可持续发展能力。

我们从上述三个视角来综合分析企业的经济可持续发展能力，更能够真实揭示企业实施可持续发展战略带给企业经济上的持续能力，并进一步反映出企业在一定制度环境中受到环境接纳程度和市场激励的水平。本研究样本来自中国社会科学院 2009 年和 2010 年公布的企业 100 强社会责任报告，这些分析以企业 2008 年和 2009 年的市场、社会和环境责任履行情况为基础进行的分析。因此，本研究从 2008 年获得可持续发展公开评估指数后为始点，收集了 2008 年、2009 年和 2010 年上述企业在的可持续发展绩效对上市公司的经济可持续发展水平。

我们按照 210 家样本公司名称共收集到 153 家上市公司数据，

其中国有企业 108 家，民营企业 31 家，外资企业 14 家。占样本总量的 72.86%。对于缺省值，我们以行业均值为替代，尽管这需要大量繁琐的计算，但却更能真实反应实际情况。对外资企业，我们以海外上市的总公司财务数据为替代样本。因为，Zhan & Zhou (2010) 发现，中国富士康员工事件发生后，其海外市场上市公司在后续一个月内，在中国香港、新加坡、英国和美国市场的股票价格急转直下，其分支机构和关联企业的融资水平大大降低。因此，基于外资企业在海外的可持续发展绩效会影响母公司在国际市场上的经营能力，我们假借 14 家外资企业在美国上市的母公司财务数据代表这 14 家企业的公司经济绩效，以分析在中国境内的可持续发展绩效对海外母公司的影响。

2. 企业社会绩效

中国社会科学院 2009－2010 年公布了中国企业社会责任指数。这些指数参考了全球报告组织（GRI）、英国财务能力和社会责任网络咨询机构，道琼斯可持续资产管理体系以及其他社会研究机构成果等编制测定。中国社会科学院指数包括四个部分：责任管理、市场责任、社会责任和环境责任。在这四个部分目录下，包含有 14 个二级科目和 160 个三级子目。每个企业指数按照如下公式测量：$Index = \sum w_j \times A_j$，$W_j$ 代表各部分，A_j 代表权重。市场责任部分包括企业对顾客的责任，主要评价企业产品质量和创新投入，供应商和战略伙伴方面关注于与战略伙伴的合作机制以及采购责任。股东责任是对企业的财务能力的关注。社会部分包括对政府、员工和社区的责任；环境部分是在环境管理活动方面的投入的组织责任。每个企业的在网站、年报或社会责任报告中披露的社会责任行动都经过中国社会科学院调查组的仔细检查并计算得分。

依照 Bernadette 等人使用 KLD 指数作为企业社会绩效指标，Hillman & Keim's 也使用 KLD 有关在社会问题评级率来测量利益相关者管理活动。Bartkus & Glassman 等人同样选用 KLD 指数来做因变量，测量使命陈述与利益相关者管理活动。因此，我们将中国社会科学院 2010 年公布的责任指数作为企业社会绩效指标。

（二）解释变量

本研究解释变量包括企业使命陈述价值观和利益相关者关切，以及制度压力调节作用三个部分。

1. 使命陈述价值观

价值体现了个体的偏爱和合意的道德理念（Scott，1995），企业使命陈述的价值观代表了企业的价值体系，是对外部制度环境的认知反映。因此，企业价值观代表了企业的道德认知。Dimaggio& Powell（1983）认为，通过流行的程度或活动的密度可以衡量认知合法性。企业使命是企业对外公开披露的阐述企业价值观念的信息渠道（Bart，1998；Campbell & Yueng，1991），通过这一渠道可以了解企业价值观流行的程度或活动的密度，以测量认知合法性的方式测量价值观维度（Ruef & Scott，1998）。

2. 使命陈述对利益相关者关切

利益相关者要素是企业使命陈述的重要组成部分（林泉等，2010），大部分企业在使命陈述中都提及利益相关者（Bart，1998；Farfax，2006）。Welford（2004）把股东和员工归类为企业的内部利益相关者，把顾客、供应商（伙伴）、社会与环境归类为外部利益相关者。因此，本研究将从内部和外部利益相关者两个层面来测量与绩效的关系。

（三）变量测量

1. 使命陈述价值观

本研究对企业网站及年报和企业社会责任报告或可持续发展报告中披露的企业"使命"、"愿景"、"价值观"、"目标"、"宗旨"、"精神"、"理念"等内容按照 David（1987；1989）、Davis（1997）以及 Bartkus（2004；2007）研究建议的利益相关者关切、要素指标和战略指导等内容进行要素抽取，利用统计上的"0"、"1"哑元变量进行计量归类。对于企业价值观要素内容，采取质性研究的语义分析，采用开放式编码形式，首先对 50 家企业出现频率较高词条或词组进行归纳，总结出 14 类主要词条，对后续的 160 家企业使命陈述内容按照这 14 类编码语句或词条进行滤屏，对相似、相近词义语句进行归类，如"反腐败"，合并编入"正直廉洁"，"学习"并入"创新创业"。对后续出现频率较高的词语扩展编码，最后得出 15 类价值观要素编码，并获得 15 类编码词条出现的频率。我们通过对样本企业使命陈述的归纳，采用质性研究方法，通过语意分析，筛选出 15 类频率较高的价值观，二级编码频率综合水平达到 84.26%，基本概括反映了样本企业的使命价值哲学。我们通过对 15 类价值观进行因子分析，归纳出 5 个因子，分别是代表社会道义的企业公民，关爱社会和生态保护；代表开放式行为价值的：勤俭、效率以及创新和卓越，代表道德素养的诚信和以人为本以及正直、守法律己和和谐共赢。

检索和编码的结果如表 4.9 企业价值观编码与频率。

表 4.9　　　　　　　　　　　企业价值观编码与频率

条目		诚实守信	创新创业	卓越发展	和谐共赢	正直廉洁	守法律己	勤俭节约	关爱社会	质量信誉	以人为本	忠诚祖国	生态保护	资源效益	慈善奉献	企业公民
国有	频率	76	82	77	65	49	58	50	63	74	81	88	44	57	48	53
	比率	66.09	71.3	66.96	56.52	42.61	50.43	43.48	54.78	64.35	70.43	76.52	38.26	49.57	41.74	46.09
民营	频率	38	39	38	31	26	33	40	39	14	21	39	14	31	28	16
	比率	74.5	76.5	74.5	60.8	51.2	64.7	78.4	76.5	27.5	41.2	76.5	27.5	60.8	54.9	31.4
外资	频率	32	29	38	29	24	28	20	37	42	42	7	31	24	34	29
	比率	72.73	65.91	86.36	65.91	54.55	63.64	45.45	84.09	95.45	95.45	15.91	70.45	54.55	77.27	65.91

2. 使命陈述对利益相关者关切

参考学术文献推荐的标准，我们检查了每个使命陈述中包含的利益相关者要素。我们按照关于内部利益相关者要素，查看使命陈述中是否关切到股东和员工；按照外部利益相关者要素，查看使命陈述是否关注到顾客、供应商（战略伙伴）、社区与环境。

由于一些公司在使命陈述中使用不同的词语来描写相似的关切，比如"世界的"或"社会的"，我们将这些词都归类为"社区"，同样，我们用"伙伴"代表了"供应商"；用"股东"指代了公司的"投资人"或企业"价值成长"要素。我们为每个使命陈述中的关切要素设立哑变量，按照是否符合标准对每个要素赋予"1"或"0"。上述指标频率根据表 4.10 进行描述性统计分析。

表 4.10　　　　　　　　　利益相关者要素识别

项目		内部利益相关者要素关切		外部利益相关者要素关切			
要素		员工	股东	客户	伙伴	社区	环境
总体	频率	152	132	151	100	170	132
	比率	72.38	62.86	71.09	47.62	80.95	65.71
国有	频率	84	88	82	53	99	91
	比率	73.04	76.52	71.30	46.09	86.09	79.13
民营	频率	35	27	42	20	36	15
	比率	68.6	52.9	82.4	39.2	70.6	29.4
外资	频率	34	17	37	27	35	32
	比率	77.3	38.6	84.1	61.4	79.6	72.73

（四）制度压力的调节作用

North（1990）认为，制度分为正式与非正式约束两种形式。正式约束包括具体的法律、法规、政策等，以文字表述并以法庭或行政手段监督实施。非正式约束则是由社会习俗、惯例、传统文化模式形成的标准和规范，在这两种制度形式基础上的制度实施特征构成了制度的第三个部分（North，1993）。Scott（1995）在总结了经济学和社会学新制度主义等各理论对制度的定义后，提出制度是由管制、规范和认知三个支柱组成。这一理论框架为战略研究提供了可操作的测量基础，也成为企业战略研究测量制度变量的标准模板。

1. 管制性制度

John Child & Tsui（2005）通过实地走访和文献归纳的定性研究，探讨了中国大陆和台湾地区的环保管制对企业环境战略的影响，证明了环境制度的管制强度会影响企业可持续发展战略的反映形式。Yiu & Makino（2002）以外资进入模式为因变量，以国家监管系统、社会规范系统和认知系统为自变量，通过问卷的定量分析，探讨了东道国制度系统对跨国公司选择合资或全资进入战略的影响。这项研究以国家制度体制作为因变量，对国家监管系统的测量来自1995年《世界竞争力报告》中提及的内容，Yiu & Makino（2002）将国家干预、国家控制、投资限制、官僚主义、保护主义、区别对待的财政政策和股权限制7项指标作为国家管制系统测量指标；社会规范系统则采用"文化民族主义"以及参照WCR的指标设定"文化距离"为测量指标。以同行业其他企业进入战略模式的频率得出"跟随或者模仿"测量认知指标，并采用企业以往选择进入战略模式的比率做"历史经验"为测量认知的另一指标。Ruef & Scott（1998）将管制性制度设定为管理合法性，并以政府行政部门的6项政策和规章制度为管理合法性指标测量对医院的绩效影响。

基于上述研究将国家对企业行为干预的政策作为管制制度测量工具，本研究将样本企业在披露社会责任信息时，阐述的企业由于受到政策指导或影响所采取对利益相关者责任行为，以及进行的企业社会责任活动披露的社会绩效信息。《中国企业社会责任发展指数报告（2009）》归纳出6个国际企业社会责任指数报告体系或指标体系和5个国内企业社会社会责任倡导文件。我们把由政府或机构具有强制企业执行要求的政策性文件作为管制性制度测量依据，包括：国家证券监督委员会2007年4月颁发的《深圳证券交易所上市公司社会责任指引》、2008 年 12 月国资委颁发的《中央企业履行社会责任的指导意见》两项强制上市公司和该国有企业遵照执行的政策。我们对企业在报告中披露的问题,使企业感知到上述影响而采取的行动设置为哑元变量,报告中描述到上述政策影响为1,未有类似描述为 0。因此,本研究管制性制度测量变量即由有 2 项哑元变量组成。企业最高得分为 2,最低得分为 0。

2. 规范性制度

由于规范制度是一套惯例和行为标准,以社会认可的评估机制来评价行为者的符合程度。Ruef & Scott（1998）将规范性制度设定为技术合法性,并以非政府部门,如医疗协会等制定的认证标准制度设定为技术合法性指标,以测量对医院绩效的影响。有关企业社会绩效的评估是一些国际和国内非政府组织制定并实施的评价企业参与国际商务活动或企业国内经营活动的标准与行为规范。《中国企业社会责任发展指数报告（2009）》涉及 6 个国际企业社会责任指数和 3 个国内企业协会发布的企业社会责任倡导体系,这些评估标准引导着企业的社会责任行为和标准。我们在研读每份企业社会责任报告后发现,企业编制社会责任报告和执行标准是依据全球报告倡议组织（Global Responsibilities Institutions,GRI）以及其他类似非政府组织颁布的世界范围的全球企业社会责任公约或可持续发展组织规范与标准,这类标准是对参与全球市场经营活动的企业进行的行为规范调整和评价标准。通过对每家社会责任报告的检索和研读,我们共发现 5 类具有标准和规范性质的制度约束并影响着企业的社会责任行为和信息披露:（1）全球报告倡议组织（GRI）《可持续发展报告指南》,涉管全球企业;（2）英国企业商会（BiTC）企业责任指数(2002),包括 FTSE100 和 FTSE250 研究机构 Acountability 发布的 AA 1000 标准;（3）社会责任国际标准 ISO26000/DIS;（4）中国社会科学院《中国企业社会责任报告编制指南》;（5）中国可持续发展工商理事会《中国企业社会责任推荐标准和实施范例》。由于国际社会和国内社会责任权威评估机构以上述标准测量这些企业的社会责任发展指数，因而这些标准和规范对企业的可持续发展战略与绩效具有较大的影响作用，获得合格认证的企业便拥有社会期望的能够担负社会责任期望的身份标志。我们把来自社会不同评估和认证机构的管理和规范约束确定为企业可持续发展的规范性行为管制系统。本研究将企业社会责任报告中披露的企业受国际公约和规范影响而采取的可持续发展行为设置为哑元变量进行测量，报告中描述到上述规范或惯例影响为 1，未有类似描述为 0。这样本研究规范性制度测量变量即由 5 项哑元变量组成，企业最高得分为 5，最低得分为 0。

（五）其他调节变量

为进一步验证不同制度环境的企业使命与绩效关系，本研究对国有、民营企业进行了分析。

我们分析了 2009 年和 2010 年社会科学院公布的《中国企业社会责任研究报告》披露的国有企业 100 强、民营企业 100 强和外资企业 100 强共计 600 家企业中去除两年相重叠企业后的剩余 327 家。从中获得有使命陈述的有效样本 210 家，其中国有企业 115 家，包括中央企业 78 家，其他国有企业 37 家；民营企业 51 家；外资企业 44 家。由于外资企业缺乏有关企业社会责任管理的管制政策，因此，本研究经仅对国有和民营企业进行了比较分析。

（六）控制变量

一些研究认为，企业的经济状况和能力会影响企业履行社会责任的规模（Chan，2006；Gao & Bansal，2006；《中国企业家调查系统 2008》，彭泗清等）。因此，企业的经验和规模能够影响企业制定战略和实施战略的能力。依据 Ullman A. H.（1985）在研究美国企业社会绩效和财务绩效关系中将使用的企业资产规模和员工规模作为控制变量，文中也使用了资产规模和员工规模并将其作为控制变量，将企业年龄作为经验指标进行控制，以深入揭示企业的使命陈述与企业绩效之间的关系。

第五章　整体结构模型的
计量分析与讨论

依照众多国外学者的研究，如 Bart（1998）使用 PLS 分析使命与绩效关系模型，Hillman and Keim（2001）等曾使用回归分析方法对企业社会绩效与企业财务绩效关系检验，本研究对所要测量的企业使命陈述与企业社会绩效和经济绩效关系采用了回归分析方法。测量结构共分三个部分：第一部分，使命陈述企业价值观与利益相关观者识别间的关系，主要依赖于质性研究，通过对企业使命陈述文字和图片资料编码，来探索在中国特有的文化和制度环境中，企业对价值观的理解和诠释，以及对利益相关者的关切关系，以归纳出企业价值观因子；第二部分，使命陈述价值观和对利益相关者关切与企业社会绩效和经济绩效关系，主要通过计量分析价值观和对利益相关者关切要素的频率得分与来自中国社科院获得的企业社会责任指数，应用 SPSS STATISTIC 17 进行线性回归分析；第三部分，企业使命陈述价值观与对利益相关者之间的关系回归分析；第四部分，企业可持续发展社会绩效与企业可持续发展经济绩效关系，主要根据社科院公布的 2008 年、2009 年评估的企业总体责任指数对企业在 2008 年、2009 年和 2010 年的财务上的经营能力，包括存货周转率和应收账款周转率，盈利能力的销售毛利率和净资产收益率，以及成长发展能力的主营业务增长率、总资产增长率和净资产增长率进行回归分析；第五部分主要引入制度调节变量测量对使命陈述利益相关者关切与绩效间的效用。

本项研究采取的两阶段、按时间顺序发展进行的定性与定量的混合研究将从相同样本中获得统计、定性与定量分析结果。特别是针对企业价值观，我们除了应用 David（1989）和 Bart（1998）以及 Bartkus & Glassman（2007）建议的内容筛选外，又特别利用开放式编码形式，对每个样本企业具体提及的价值观要素进行了更深入的分析归纳，从更深刻层次上挖掘中国企业价值观理念的构成要素内涵，意在后续的定量分析中将定性研究数据与定量数据相结合来充分揭示影响企业可持续发展战略的根源性认知问题。在研究中，基于编码的方法获得的价值观有效因子被用来作为自变量，测量同样源自具有战略规划和指导战略实施的企业使命陈述中对于利益相关者关切的合法性识别之间的关系，而从使命陈述中获得的合法性识别频率统计作为企业价值观与可持续发展绩效的中介变量，采用定量分析方式测量企业价值观影响的企业合法性识别对企业可持续发展战略绩效的作用。对于可持续发展战略的研究，国内外学者也往往采用案例研究的定性方式来观察内含的逻辑与概念框架。Bansal & Roth（2000）通过对欧洲、美国和日本 58 家企业管理人员的访谈和实地考察，采用编码的方式获得了企业实施可持续发展战略的驱动因素（中介变量），以及影响这些因素的情境（自变量）及其结果（因变量）。Child & Tsui 同样采用实地观察的方式，对台湾地区和大陆企业的环保战略进行研究，定性的结论发展了制度理论在环保管制方面的战略反映模式。可以说，定性研究更有益于发掘着重于情境背景和可持续发展战略的反映模式。

定性研究一般在自然环境中进行（Creswell，2003），研究者参与到被观察的运营环境但并不干预被观察者的活动，而是体会被观察者的行为。定性研究的数据收集往往通过实地观察、记录，以写实的方式通过开放式的访谈和观察以及大量文献和影音资料收集作为研究的原始数据。定性研究的结论是通过对数据的编码自然产生，而并非预先设计按照原有的理论推断得出结论，因此定性研究往往会创造性地发掘出新的理论框架，因而定性研究往往会与扎根理论相结合，能够从所关注的现象的最初的编码中得出一般的理论，使研究人员获得难以估计的定性研究结果。

定性研究是基于一定的环境获得的结论知识，研究者会从固定的情境中提炼出的能够被解释的数据，通过对数据的主题和分析，来考察特定历史和制度环境中被观察者的特征，但这种研究很可能会掺杂研究者个人的情感观点以及历史遗痕。但定性研究通过整体观察和系统性的分析，能够从多层面纵深地挖掘，通过反复的同步的复杂推理（Creswell，2003）来归纳或演绎收集到的数据。通过分析和重构来的循环来总结出研究结果。质性研究相比于定量分析主要面对的是文字和图片资料，这种方法能够从样本单位公开的档案和历史资料中获得最直接的数据来源。质性研究不像问卷调查那样通过企业中个人的个性回答来获得对观察事物的总体解释。开放式的编码设计也优于问卷设定的问题范围，因而显得更直接和全面具体，其所揭示的因果关系尽管存在研究者个人理论和对事物理解与逻辑分析归纳能力的限制，但群体分组重复测量的复合编码提高了测量效度，借助于计算机对编码因子分析，大大提高了内在关系结构的信度和效度。

　　质性研究是定性研究的一种方法，研究者通常应用不同的知识理论、研究方法，采用田野观察、历史文件研究和数据收集方式，通过对结果的展示归纳，来推断文字记录背后的逻辑结构（Miles & Huberman，2002）。关于制度合法性的研究，特别是对于认知这种来自于被观察对象内心最深处的感知，问卷调查很难使用准确的词语全面描述到企业价值观的内涵，而且也非常难于总结出中国语言的博大精深语意和词性。而定性的质性研究以开放式的编码设计能够广阔而全面地反映价值观的基础性语言描述，因而更真实和细致地总结和归纳了企业价值观的变量内容。结合统计计量和因子分析，能够探索到中国企业价值观的要素特征，从而使研究更贴近现实而含义更深刻。

一、信度与效度分析

（一）研究方法的信度分析

信度分析是对研究内容的可信性和稳定性的测量，以检验研究人员所采取分析方法的可信程度和研究的有效性。定量分析的信度检验往往通过折半信度、复合信度和重复信度来揭示，一般采取alpha 系数法衡量。alpha 系数法是 Cronbach（1951）通过对社会科学研究方法的总结，提出以 alpha 系数法替代部分折半的测量信度方法，以增强测量变量的稳定性。由于概率达到或超过 50% 以上才具有可靠性，因此学者建议以标准化系数值在 0.7 以上测量概率可达到 0.49，这样才具有验证效度，这也是目前研究人员比较信赖的原则。定性研究的信度一般则通过对同一样本采取不同时间、不同侧面来验证内容的一致性。学者建议的质性研究内容一致性检验可采用二维矩阵 Kappa 系数，Kappa 标准化系数达到 0.7 以上，则表明内容一致性在 49% 以上具有一致性。否则，即使区分效度 T 值达到显著，也并不一定表明分组检验的内容一致性较高。

为测量本研究的编码内部信度，我们将编码人员分成两组，分别对国有企业 2009 年和 2010 年的使命陈述内容进行要素归纳。其中 76 家 2009 年 100 强企业，同时在 2010 年的 100 强中仍榜上有名，因此我们抽取这两组人员对 76 家企业的使命分析内容分别做出的编码进行一致性检验，以验证本研究的内容信度和效度。两组人员分别按照 David（1989）的 9 要素定义，将各组对要素筛选的结果进行 2 * 2 对应矩阵分析来进行一致性和区分效度检验。

从 2 * 2 矩阵的 Kappa 值分析结果来看，两组成员编码结果均超过了 0.7 以上，说明在内容上具有较高的一致性，而部分要素指标之间的相关性尽管达到了显著性 T 值，但单元格期望计数均小于最小期望计数值，Kappa 值也在 0.7 以下，表明要素指标之间区分效度也较好。

（二）探索性因子分析

在验证质性研究编码的一致性和区分效度基础上，我们对价值观内容进行的编码进行探索性因子分析。

探索性因子分析（Explore Factor Analysis，EFA）是在不清楚变量构成的因子成分及其各因子与变量间的关系基础上，通过探索性因子分析所得出的各个因子的特征值、方差贡献率以及累计方差贡献百分比，以及通过主成分分析与旋转能够从纷杂的样本描述统计中获得有效的因子。各因子之间的相关性也决定了旋转方式效果，比如，不相关因子通过正交旋转，获得的因子残差均值为 0 矩阵结构，而斜交旋转获得的因子之间具有相关关系，可以得出因子之间的相关系数矩阵。探索性因子分析最终会为每一个变量的因子赋值代表因子载荷，并根据载荷值的大小，获得变量的有效因子个数。

1. 变量统计与相关性分析

本研究通过编码获得的中国企业价值观要素经过探索性因子分析取得中国企业价值观这一观察变量的因子。我们首先通过对收集到的价值观要素各编码变量之间进行相关性检验，以考察是否存在较强的相关性适合提取因子。经过编码统计得出的变量的描述统计与相关性分析情况（见表 5.1）。

表 5.1　原变量描述统计与相关性

	均值	标准差	1	2	3	4	5	6	7	8	9	10	11	12	13	14	15
1 诚实守信	0.70	0.461	1.000														
2 创新创业	0.72	0.450	0.150**	1.000													
3 卓越发展	0.73	0.445	0.190**	0.178**	1.000												
4 和谐共赢	0.60	0.491	0.189**	−0.069	0.125*	1.000											
5 正直廉洁	0.48	0.501	0.377**	0.142*	0.101	0.049	1.000										
6 守法律己	0.58	0.495	0.346***	0.053	0.051	0.137	0.621**	1.000									
7 勤俭节约	0.50	0.501	0.178**	0.107	0.130	0.167**	0.337**	0.331***	1.000								
8 关爱社会	0.63	0.483	0.239**	0.040	0.080	0.095	0.403***	0.300***	0.200**	1.000							
9 生态保护	0.75	0.437	0.167**	0.030	0.068	0.087	0.182**	0.192**	0.276***	0.244***	1.000						

续表

	均值	标准差	1	2	3	4	5	6	7	8	9	10	11	12	13	14	15
10 以人为本	0.71	0.454	0.365***	0.077	0.068	0.240**	0.246**	0.228***	0.149*	0.420***	0.285***	1.000					
11 忠诚祖国	0.78	0.413	0.162*	0.090	0.129*	0.120*	0.244***	0.235***	0.245***	0.256***	0.282***	0.258***	1.000				
12 质量信誉	0.42	0.495	0.120*	0.142*	0.147*	0.042	0.275***	0.142*	0.156*	0.407***	0.143*	0.245***	0.166*	1.000			
13 资源效益	0.54	0.499	0.215***	0.119*	0.162*	0.140**	0.352***	0.348***	0.917***	0.226***	0.217***	0.119*	0.245***	0.199**	1.000		
14 奉献慈善	0.59	0.494	0.254***	0.088	0.107	0.153**	0.292***	0.289***	0.273***	0.377***	0.233***	0.370***	0.294***	0.225***	0.289***	1.000	
15 企业公民	0.63	0.485	0.203***	0.028	0.090	0.119*	0.380***	0.322***	0.218***	0.959***	0.254***	0.406***	0.244***	0.442***	0.227***	0.378***	1.000

注：N＝208，* p＜0.05，* * p＜0.01，* * * p＜0.001

描述统计分析与相关性分析结果显示，原变量之间的相关系数较高，且普遍具有显著性，比较适合进行因子分析来提取因子。

2. 提取因子

根据原有变量的相关系数矩阵，本研究采用主成分分析法，选取特征根大于"1"的特征根，从原始标度值初始解转换为重新标度提取因子，结果显示所有变量的共同度差别较大，最低为0.235，最高为0.941，15个测量项目除4项未达到0.5以上，其余11个项目值超过0.5，详见表5.2。通过对15个要素进行著称筛选，其中前5个成分累计方差贡献率达到总体的65.56%。

5个提取的因子总方差达到65.66%，说明本次提取企业价值观因子达到总体的解释能力的65.66%，接近70%。未入选的因子遗漏为34.34%。其中第一个成分揭示变异量为18.134%，旋转后为17.521%，其余成分为13.728%、12.755%、10.987%和8.667%，说明任何单个成分均不能解释总体的大多数。表明本次对变量的测量是较可靠、可信的。

因子载荷矩阵如表5.2旋转成分矩阵，成分矩阵已提取了5个主成分，小数已被去掉。重新标度的主成分矩阵有12个变量在5个因子中的载荷超过了0.5，可以作为研究分析的主要指代指标。

表5.2　　　　旋转成分矩阵 a

	原始					重新标度				
	成分					成分				
	1	2	3	4	5	1	2	3	4	5
企业公民	0.437		0.092	0.071		0.901		0.189	0.147	
关爱社会	0.428		0.114	0.068		0.886		0.237	0.142	
生态保护	0.328	0.055			0.172	0.661	0.112			0.348
勤俭节约		0.473	0.078	0.060			0.944	0.156	0.121	

续表

	原始					重新标度				
	成分					成分				
	1	2	3	4	5	1	2	3	4	5
资源效益	0.054	0.466	0.091		0.052	0.108	0.934	0.181		0.104
守法律己	0.072	0.109	0.410	0.052		0.145	0.220	0.828	0.104	
正直廉洁	0.139	0.103	0.403			0.278	0.205	0.805		
诚实守信			0.259	0.192	0.149			0.562	0.418	0.323
和谐共赢				0.397					0.808	
以人为本	0.188		0.091	0.254	0.049	0.414		0.201	0.560	0.109
奉献慈善	0.199	0.105	0.085	0.208	0.052	0.403	0.212	0.172	0.521	0.106
质量信誉	0.119	0.110		0.142		0.272	0.252		0.326	
忠诚祖国	0.102	0.092	0.063	0.118	0.056	0.246	0.223	0.152	0.287	0.136
创新创业			0.055	−0.060	0.339			0.122	−0.133	0.755
卓越发展				0.095	0.286				0.214	0.643

注：提取方法为主成分分析法。重新标度旋转后：具有 Kaiser 标准化的正交旋转在 5 次迭代后收敛（b. 去除小数项）。

我们通过主成分分析，采取具有 Kaiser 标准化的正交旋转法，以方差极大值法从 15 个编码要素中在 5 次迭代后获得 5 个主成分。在学术上，因子载荷大于 0.5 以上的被认为具有较高的可靠性。因此，我们将每列因子中大于 0.5 以上的要素提炼为因子变量测量指标。各因子成分得分明显高于其他组得分，表明提取的因子具有较好的区分效度，见表 5.6 成分得分系数矩阵。

因子得分矩阵显示，5 个因子中编码要素成分权重较高的值均为正向，说明因子之间的实际含义趋于相同的意义，与本研究对道德价值观的因子探索含义相吻合。

成分得分的协方差矩阵均为 0，正交为 1，表明因子得分协方差之间不相关。

这 5 组因子中，第一列数据描述了三个变量"企业公民"、"关爱社会"、"生态保护"代表了企业对社会环境的正义思想。西方哲学认为"道义"是人们对待周围环境应具有的善知、慷慨，对公益的尊重和强烈的慈善，对"德"所引起的赞许，不受任何诱惑的驱使而违规的一种品格从而对名誉产生的关切。中国文化认为，"道"是指天地间运行的规律，用"天道"、"地道"、"人道"描述人类与自然环境合宜共守的法则来指导行为，是人们对"自然法则"尊敬或"自然环境运行规律"的遵从；"义"，理之所在，对正确事物的支持。"企业公民"、"关爱社会"、"生态保护"，这三个词意含有中国文化对道义的理解，也符合西方哲学对人类与周围环境治理关系的认知。因此，我们将这三个价值观词语归类为企业的"社会道义"。

"勤俭节约"和"资源效益"代表了企业在生产经营过程中对要素资源应用的行为价值标准，"创新创业"和"卓越发展"表明企业在管理和经营中的竞争价值追求。Bergson（1934）[①] 认为，自然赋予物质一定功能使其拥有有用性。天赐财产权的有用性，使得需要他的人在内心世界存在一定的要求衡量标准，使获得使用权或所有权的交易能够达成协议。人们为获得这些个人生存或生活的物质使用权或所有权，用内心确定这种标准衡量交换的水平，从而确定物质的价格和交换物的等值程度，也就产生物质的价值——能够用货币衡量的物质的价格。人们用内心评判事物的好坏与善恶的衡量标准来对人类行为与内心印象进行对照，以衡量这些行动产生的结果，将这类行为归纳为一个总体的特征，并赋予特定词汇，便出现人对某类事物的价值观念。企业在这种价值观念的驱动下，采取为各自利益和公共环境考量的行动。因此，我们把"勤俭节约"、"资源效益"、"创新创业"和"卓越发展"价值观归类为企业创造竞争优势的"价值行为"。

---

① 张汝伦. 现代西方哲学［M］. 北京：北京大学出版社，2003.

　　"守法律己"、"正直廉洁"和"诚实守信"代表企业在管理和经营活动中的道德操守和信念,"和谐共赢"与"以人为本"表明企业在管理和经营活动中与周围环境和组织以及个人交往之间的道德原则。Jones(1995)、Donaldson & Preston(1995)把"诚实守信"(truthful)和"合作"(cooperation)归类为企业的道德素养(Moral),并认为这些道德是企业间值得交往的基础(worthy and basis for transaction),也是抵制机会主义投机行为,维护交易关系持续存在的保证。本研究把"守法律己"、"正直廉洁"和"诚实守信"、"和谐共赢"与"以人为本"的价值观均归类为企业的"道德素质"。

　　在与国内哲学、社会学和管理学、组织行为学专家的讨论中,也比较认可上述的归纳,对具有进出口业务的国内企业家和进出口业务监管银行机构的经济学家采访时,学者和实践管理者对上述的归纳也表示了认同。在定义归纳完成后,本研究对其进行了信度和效度检验,项目的信度系数大于 0.5 以上,被认为具有较高的可靠性,而项目之间的一致性均在 0.7 以上,表明一致性较高。表 5.3 显示了社会道义、道德素养和价值行为之间的一致性均在 0.7 以上,社会道义为 0.704、道德素养为 0.835、价值行为为 0.709。这说明本次提取因子的探索分析研究较为成功。

　　因此,通过上述分析,我们可以获得中国企业道德价值观的"社会道义"、"道德素养"和"价值行为"3 个较为有效的测量维度。

表 5.3 　　　　　　　　　　　　　**企业价值观因子**

项目		信度指数	内部一致性
社会道义	企业公民	0.901	0.704
	关爱社会与公益	0.886	
	生态保护	0.661	

项目		信度指数	内部一致性
道德素养	守法律己	0.828	0.835
	正直	0.805	
	诚信	0.562	
	和谐共赢	0.808	
	以人为本	0.560	
价值行为	勤俭节约	0.944	0.709
	资源效益	0.934	
	创新	0.755	
	卓越	0.643	

二、其他变量的信度分析

表 5.4 描述了其他各变量项目的因子信度分析得分结果。此表显示，本研究设定的概念结构模型的测量变量信度均在 0.5 以上，最高值为 0.968，最低值为 0.514，均达到统计意义上的信度标准要求。企业经济绩效的盈利能力、经营能力与成长发展能力指标一致性也较好，分别达到 0.842、0.983、0.815。各变量指标作为本研究的测量项目具有可信性与可靠性。

表 5.4　　　　　　　　　概念结构模型测量变量

因子	潜变量	测量变量	测量指标	信度	效度
Y1	经济绩效	盈利能力：$\alpha=0.883$	销售毛利率（2008，2009，2010 年三年平均增长水平，下同）	0.913	0.842
Y2			净资产回报率	0.920	
Y3		经营能力：$\alpha=0.812$	存货周转率	0.517	0.983
Y4			应收账款周转率	0.974	
Y5		发展能力：$\alpha=0.698$	主营收入增长率	0.618	0.815
Y6			总资产增长率	0.670	
Y7			净资产增长率	0.603	
Y8	社会绩效	责任治理	对利益相关者管理原则以及利益相关者识别	0.921	0.901
		市场（经济）责任	对客户、伙伴和投资人负责，对技术，产品的责任	0.843	
Y9		社会责任	对政府政策的响应；公平公正对待员工；保证安全；关爱社会和社区发展	0.939	
Y10		环境责任	保护生态环境，降低污染、废物排放，节约能源	0.898	
M1	制度压力强度	管制性制度	上市公司原则，国资委文件，中纺企责任体系	0.795	0.795
M2		规范性制度	GRI，ORI，道琼斯 DJSI，BiTC，FTSE4Good，中企联；中科院指南，工经联认证	0.896	0.896

续表

因子	潜变量	测量变量	测量指标	信度	效度
X1		社会道义：a＝704	企业公民	0.918	0.704
			关爱社会与公益	0.898	
			生态保护	0.681	
X2	企业价值观	道德素养：a＝835	守法律己	0.859	0.835
			正直	0.846	
			诚信	0.632	
			和谐共赢	0.802	
			以人为本	0.595	
X3		价值行为：a＝709	勤俭节约	0.968	0.709
			资源效益	0.953	
			创新	0.756	
			卓越	0.650	
X4	利益相关者关切	内部利益相关者关切	对员工关怀＼满足股东经济回报，激励管理者	0.766	0.766
X5		外部利益相关者关切	客户和伙伴，社会和环境＼生态保护	0.728	
X7	资源配置能力	资产规模	2009 年 12 月 31 日总资产	0.775	0.775
X8		人员规模	2009 年人员数	0.824	0.824
		年龄	2009 年年龄	0.729	0.729

三、相关性与描述性分析

表 5.5 描述了本研究中的因变量与测量变量及调节变量 1 的相关系数与描述性统计分析。

表 5.5　数据均值与方差及其相关性

Descriptive Statistics

	Mean	Std. Deviation	责任指数	FP	SHDY	VLUB	SHEHI	NST	WST4	管制性	规范性	员工人数	资产数	年龄
责任指数	26.3953	18.9513	1											
FP	14.3043	17.0771	−0.109	1										
SHDY	1.5	1.187	0.001	−0.062	1									
VLUB	2.48	1.287	−0.043	0.016	0.238**	1								
SHEHI	3.04	1.56	0.018	−0.076	0.420**	0.380**	1							
NST	1.1905	0.74622	0.084	−0.038	0.244**	0.213**	0.400**	1						
WST4	2.3667	1.134	0.106	0.004	0.508**	0.167**	0.370**	0.550**	1					
管制性	1.07	0.85	0.471**	0.196**	−0.161**	−0.086	−0.143*	0.07	0.118	1				
规范性	0.69	0.966	0.626**	−0.136**	0.084	0.043	0.056	0.155**	0.165*	0.352**	1			
员工人数	13.6281	26.9612	0.296**	−0.065	0.03	−0.025	−0.015	0.141	0.225**	0.259**	0.238**	1		
资产数	3.37E+03	11440.7	0.373**	−0.249**	−0.122	−0.055	−0.098	−0.005	−0.087	0.202**	0.230**	0.188**	1	
年龄	28.01	21.999	0.156**	0.091	0.008	−0.036	−0.033	−0.027	0.033	0.265**	0.161**	0.041	0.084	1

** Correlation is significant at the 0.01 level (2−tailed) . * Correlation is significant at the 0.05 level (2−tailed).

注：① † $p < 0.1$；* $p < 0.05$；* * $p < 0.01$；* * * $p < 0.001$；②系数为标准化系数。

从表 5.5 可以看出，企业使命陈述的社会道义（SHDY）、道德素养（SHEHI）和价值行为（VLUB）之间均显著相关，并且与使命陈述对内部利益相关者（NST）和外部利益相关者（WST）关切之间具有显著的正向关系，表明企业使命陈述价值观要素与利益相关者关切之间存在着一定的内在联系，其间的相互影响有待于采取进一步的方法做分析。而使命陈述的社会道义、道德素养与价值行为价值观三个变量和内部与外部利益相关者关切两个测量变量均对于企业的社会绩效和经济绩效之间不存在显著的相关性，使命陈述如何作用于企业的绩效，在企业战略中使命的作用和意义还有待于做进一步分析。管制性和规范性两个制度变量与社会绩效和经济绩效间关系显著，特别是对企业社会绩效之间呈显著正向关系，政策管制与企业的经济绩效关系显著。控制变量与社会绩效和经济绩效之间也存在显著关系，特别是与企业社会绩效的关系均呈显著正相关性。说明本研究对这三个变量的控制有益于揭示企业使命陈述与绩效间的关系研究。

四、变量关系回归分析

当前，大部分学者采用回归分析的方法测量社会绩效或利益相关者管理与企业绩效的关系（Russo & fouts，1997；Woddock et al.，1997；McWilliams & Siegel，2000；Hillman & Keim，2001）。因此，本研究为进一步解释使命陈述各变量与绩效之间的关系，将采用回归分析方法来测量研究假设，包括使命陈述价值观、利益相关者关切各变量与企业社会绩效和经济绩效各变量之间的关系，以及企业使命陈述的价值观与利益相关者关切之间的关系，企业社会绩效和经济绩效之间的相互作用，管制制度与规范制度的调节效应。

本项研究设定回归分析的模型有效性和变量关系最低显著性为 $\dagger p < 0.1$，显著性标注为：$\dagger p < 0.1$；$* p < 0.05$；$* * p < 0.01$；

＊＊＊p＜0.001。系数为标准化系数。

（一）企业使命陈述的价值观与绩效关系

为检验企业使命陈述价值观对企业绩效的作用，本研究分别设定企业社会绩效和经济绩效两个因变量，将企业使命陈述的社会道义、价值行为和道德素养三个价值观变量为自变量，分别进行回归分析。

表 5.6 企业价值观与企业绩效关系回归分析

变量		社会绩效 CSP								经济绩效 FP							
模型		M0		M1		M2		M3		M0		M1		M2		M3	
方法		控制变量输入人	t值	输入社会道义	t值	输入价值行为	t值	输入道德素养	t值	控制变量输入人	t值	输入社会道义	t值	输入价值行为	t值	输入道德素养	t值
控制变量	员工人数	0.214**	3.109	0.211**	3.066	0.213**	3.086	0.215**	3.118	-0.025	-0.348	-0.02	-0.284	-0.019	-0.259	-0.02	-0.274
	资产规模	0.279***	4.049	0.284***	4.099	0.294***	4.086	0.287***	4.15	-0.257***	-3.561	-0.258***	-3.679	-0.257***	-3.682	-0.257***	-3.716
	企业年龄	0.047	0.696	0.046	0.673	0.049	0.72	0.051	0.755	0.122	1.726	0.125+	1.768	0.129+	1.81	0.127	1.791
自变量	社会道义			0.053	0.777	0.039	0.548	-0.004	-0.062			-0.096	-1.362	-0.111	-1.506	-0.081	-1.022
	价值行为					0.052	0.741	0.017	0.233					0.053	0.725	0.078	1.012
	道德素养							0.121	1.532							-0.085	-1.037
指标	R^2	0.152		0.155		0.157		0.168		0.078		0.087		0.09		0.095	
	$\bar{R}^2$	0.138		0.136		0.134		0.14		0.063		0.067		0.065		0.065	
	$\triangle R^2$	—		0.003		0.002		0.011		—		0.009		0.003		0.005	
	F	11.093***		8.453***		6.856***		6.416***		5.217***		4.394***		3.612**		3.19**	

注:① † $p<0.1$；* $p<0.05$；** $p<0.01$；*** $p<0.001$；② 系数为标准化系数。

　　在以企业经济绩效为因变量的模型中，逐步输入控制变量、自变量（使命陈述价值观的社会道义、价值行为和道德素质变量）。每次模型均显著有效（F 值显著），但因变量经济绩效对自变量（企业价值观）社会道义、价值行为和道德素养均没有显著影响。假设 1 提出的企业价值观会正向影响企业的经济绩效没有得到支持。

　　在以社会绩效为因变量的模型中，采取逐步进入的方式，首先输入控制变量，之后将使命陈述价值观的社会道义、价值行为和道德素质变量逐次放入回归分析模型，每次模型均显著有效（F 值显著）。但因变量社会绩效对自变量（企业价值观）社会道义、价值行为和道德素养均没有显著影响。假设 2 提出的企业价值观会正向影响企业的社会绩效没有得到支持。

　　图 5.1 总结上述关系的回归分析结果。

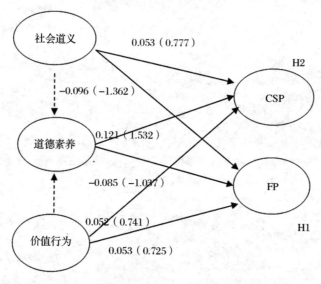

图 5.1　使命陈述价值观与企业绩效关系

（二）企业使命陈述的利益相关者关切与绩效关系

为检验企业使命陈述对内部利益相关者（股东和员工）以及外部利益相关者（顾客、伙伴、社会、环境）关切对企业绩效的作用，本研究分别设定企业社会绩效和经济绩效两个因变量，将企业使命陈述对内部利益相关者（股东和员工）以及外部利益相关者（顾客、伙伴、社会、环境）关切作为自变量，分别进行回归分析。

表5.7　使命陈述对利益相关者关切与绩效关系回归分析

变量	社会绩效 CSP M0 控制变量输入	t值	M1 输入 NST	t值	M2 输入 WST	t值	经济绩效 FP M0 控制变量输入	t值	M1 输入 NST	t值	M2 输入 WST	t值
控制变量 员工人数	0.214**	3.109	0.187**	2.745	0.178*	2.562	−0.025	−0.348	−0.02	−0.269	−0.022	−0.091
资产规模	0.279***	4.049	0.278***	4.109	0.282	4.145	−0.257	−3.561	−0.257***	−3.51	−0.256***	−3.511
企业年龄	0.047	0.696	0.055	0.833	0.053	0.789	0.122	1.726	0.121+	1.698	0.12+	1.681
自变量 内部利益相关者 NST			0.194**	2.906	0.167	2.081			−0.039	−0.549	−0.046	−0.536
外部利益相关者 WST					0.145*	2.102					0.012	0.142
指标 R^2	0.152		0.189		0.191		0.078		0.08		0.08	
$\bar{R}^2$	0.138		0.171		0.169		0.063		0.059		0.054	
$\triangle R^2$	—		0.037		0.039		—		0.002		0.002	
F	11.093***		10.764***		8.665***		5.217**		3.973**		3.166**	

注：①†$p<0.1$；* $p<0.05$；** $p<0.01$；*** $p<0.001$；②系数为标准化系数。

表 5.7 描述了企业使命陈述对内部和外部利益相关者关切与企业绩效关系的回归分析结果。

在以企业经济绩效为因变量的模型中，逐步输入控制变量、自变量（使命陈述对内部利益相关者关切和对外部利益相关者关切）。每次模型均显著有效（F 值显著），但因变量经济绩效对自变量使命陈述对内部利益相关者和外部利益相关者关切没有显著影响。假设 3a 和假设 3b 提出的企业使命陈述对内部利益相关者和外部利益相关者关切正向影响企业的经济绩效没有得到支持。

在以社会绩效为因变量的模型中，采取逐步进入的方式，首先输入控制变量，之后将使命陈述对内部利益相关者和外部利益相关者作为测量变量逐次放入回归分析模型，每次模型均显著有效（F 值显著）。结果显示，因变量社会绩效对自变量企业使命陈述内部利益相关者关切的影响显著（Beta＝0.194，t＝2.906；R 方改变为 0.037，增加了对因变量的揭示程度），对外部利益相关者关切具有显著正向显著影响（Beta＝0.145，t＝2.102）。假设 4a 得到支持，假设 4b 得到支持。

图 5.2 总结了利益相关者关切与企业绩效关系的回归分析结果。

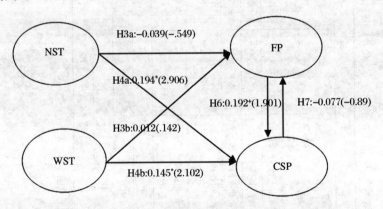

图 5.2　使命陈述对利益相关者关切与企业绩效关系

（三）企业使命陈述价值观与利益相关者关切关系

为检验假设 3 企业使命陈述价值观各维度（社会道义、价值行为、道德素养）对企业使命陈述对内部利益相关者（股东和员工）以及外部利益相关者（顾客、伙伴、社会、环境）关切的正向影响，本研究分别对上述变量进行回归分析（见表 5.8）。

表 5.8　企业价值观对利益相关者关切回归分析

变量	内部利益相关者								外部利益相关者							
	M0		M1		M2		M3		M0		M1		M2		M3	
方法	控制变量输入		输入社会道义		输入价值行为		输入道德素养		控制变量输入		输入社会道义		输入价值行为		输入道德素养	
	系数	t值	系数	t值	系数	t值	系数	t值	系数	t值	系数	t值	系数	t值	系数	t值
控制变量　员工人数	0.139+	1.879	0.126	1.765+	0.132+	1.873	0.137*	2.079	0.241***	3.329	0.217***	3.477	0.22***	3.514	0.223***	3.649
资产规模	0.007	0.098	0.032	0.438	0.03	0.419	0.042	0.627	−0.076	−1.051	−0.03	−0.482	−0.03	−0.493	−0.024	−0.396
企业年龄	−0.043	−0.584	−0.05	−0.706	−0.038	−0.551	−0.031	−0.427	0.03	0.424	0.017	0.27	0.021	0.341	0.025	0.418
自变量　社会道义			0.263***	3.727	0.215**	2.972	0.073	1.012			0.498***	8.082	0.479***	7.492	0.399***	5.949
价值行为					0.178*	2.467	0.062	0.871					0.069	1.087	0.003	0.049
道德素养							0.4	5.306							0.228***	3.266
指标　R^2	0.021		0.089		0.119		0.236		0.058		0.304		0.308		0.346	
$\bar{R}^2$	0.005		0.07		0.095		0.211		0.043		0.289		0.29		0.325	
$\triangle R^2$	—		0.068		0.03		0.117		—		0.246		0.004		0.038	
F	1.332		4.541***		4.95***		9.426***		3.827*		20.191***		16.405***		16.167***	

注：①†p＜0.1；＊p＜0.05；＊＊p＜0.01；＊＊＊p＜0.001；②系数为标准化系数。

在以内部利益相关者（NST）为因变量的模型中，采取逐步进入的方式，首先输入控制变量，之后将使命陈述价值观的社会道义、价值行为和道德素养作为测量变量逐次放入回归分析模型，每次模型均显著有效（F 值显著）。结果显示，因变量使命陈述对内部利益相关者关切对自变量企业使命陈述价值观的社会道义、价值行为和道德素养均呈显著正向关系（Beta ＝ 0.263，t ＝ 3.727，$\triangle R^2$ ＝ 0.068；Beta ＝ 0.178，t ＝ 2.467，$\triangle R^2$ ＝ 0.03；Beta ＝ 0.421，t ＝ 5.306，$\triangle R^2$ ＝ 0.117），假设 5a 得到支持。

外部利益相关者关切对社会道义和道德素养均呈显著正向关系（Beta ＝ 0.498，t ＝ 8.082，$\triangle R^2$ ＝ 0.246；；Beta ＝ 0.228，t ＝ 3.266，$\triangle R^2$ ＝ 0.038），价值行为成正向关系，Beta ＝ 0.069，但不显著 t ＝ 1.087，$\triangle R^2$ ＝ 0.004，增强了模型变异解释。假设 5b 得到部分支持。总体结果表明，企业使命陈述的价值观会正向影响企业使命陈述对利益相关者的关切。

图 5.3 总结了利益相关者关切与企业绩效关系的回归分析结果。

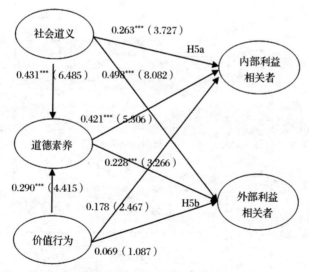

图 5.3　企业使命陈述价值观与企业利益相关者关切回归分析

表 5.9　企业绩效关系回归分析

变量			社会绩效 CSP				经济绩效 FP			
模型			M0		M1		M0		M1	
方法			控制变量输入	t 值	输入上年财务绩效	t 值	控制变量输入	t 值	输入上年社会绩效	t 值
控制变量		员工人数	0.214**	3.109	−0.087	−0.311	−0.025	−0.348	−0.059	−0.703
		资产规模	0.279***	4.049	0.691*	2.446	−0.257***	−3.561	−0.293***	−3.449
		企业年龄	0.047	0.696	0.03	0.227	0.122	1.726	0.129	1.61
自变量		上年财务绩效／上年社会绩效			0.192+	1.892			−0.077	−0.89
指标		R²	0.152		0.42		0.078		0.134	
		R̄²	0.138		0.356		0.063		0.109	
		ΔR²	—		0.268		—		0.005	
		F	11.093***		6.529***		5.217**		5.261***	

注：①†p＜0.1；*p＜0.05；**p＜0.01；***p＜0.001；②系数为标准化系数。

（四）企业社会绩效与经济绩效关系

为检验假设 6、假设 7，企业经济绩效与社会绩效相互间的关系，本研究分别对上述变量进行回归分析，结果如表 5.9。

表 5.9 描述了企业使命陈述价值观对内部和外部利益相关者关切的回归分析结果。

为证明假设 6，我们设企业社会绩效（CSP，社会责任指数）为因变量，企业的财务绩效［企业上年盈利能力（以净资产收益率为指标）、经营能力（以上年应收账款周转率为指标）和成长能力（以主营业务收入增长率为指标）三者均值］为自变量，同时将影响企业资源配置能力的企业的员工规模、资产规模和企业年龄作为控制变量建立模型。首先固定控制变量，以比较测量财务绩效的影响，在输入控制变量后，再放入财务绩效，R 方改变为 0.268，增强了模型变异程度。关系系数为正向，Beta＝0.192＋，t＝1.892，ΔR^2＝0.268。显著性处于边际，测量模型表现具有统计上的显著性（F＝6.529，显著性 p＝0.000），说明企业上年的财务状况会正向影响企业次年的社会绩效。假设 6 得到支持。

为证明假设 7，我们设企业经济绩效［FP—企业次年盈利能力（以次年净资产收益率为指标）、经营能力（以次年应收账款周转率为指标）和成长能力（以次年主营业务收入增长率为指标）三者均值］为因变量，企业的社会绩效（企业社会责任指数）为自变量，同时将影响企业资源配置能力的企业的员工规模、资产规模和企业年龄作为控制变量建立模型。首先固定控制变量，以比较测量社会绩效的影响，在输入控制变量后，再放入社会绩效。回归结果显示，R 方改变为 0.005，少许增强了模型变异程度。关系系数为负向，Beta＝－0.077，t＝－0.89，ΔR^2＝0.0035。测量模型表现具有统计上的显著性（F＝5.261，显著性 p＝0.000）。说明企业社会绩效会降低企业次年的经济绩效，但不显著。假设 7 没有得到支持。

图 5.3 标示了企业经济绩效和社会绩效关系的回归分析结果。

(五) 管制与规范性制度的调节作用

为检验企业感知到的管制性政策（假设 8）和规范性标准（假设 9）在企业使命陈述对利益相关者关切与企业社会绩效间的调节作用，本研究分别以企业社会绩效为因变量，对管制性制度与内部利益相关者和外部利益相关者做交互项，分别测量对期间关系的作用程度，依次对上述各变量进行回归分析，结果如表 5.10。

表 5.10　制度对利益相关者关切与绩效关系调节分析

社会绩效 CSP

变量 模型 方法	M0 控制变量输入	t值	M1 输入利益相关者关切	t值	M2 输入制度要素	t值	M3 输入制度一次交互	t值	M4 输入制度二次交互项	t值
控制变量 员工人数	0.214**	3.109	0.178*	2.562	0.013	−0.071	−0.013	0.234	−0.035	−0.645
控制变量 资产规模	0.279***	4.049	0.282***	4.145	0.12*	2.22	0.108*	2.065	0.101*	1.972
控制变量 企业年龄	0.047	0.696	0.053	0.789	−0.058	−1.587	−0.084+	−1.658	−0.083+	−1.66

续表

社会绩效 CSP

变量 模型 方法	M0 控制变量输入	t值	M1 输入利益相关者关切	t值	M2 输入制度要素	t值	M3 输入制度一次交互	t值	M4 输入制度二次交互项	t值
NST			0.167*	2.081	0.114+	0.361	0.086	0.889	0.027	0.253
WST			0.052	0.639	-0.015	-0.801	-0.104	-1.094	-0.003	-0.033
管制					0.326***	2.179	0.131	1.574	0.114	1.382
规范					0.468***	8.585	0.606***	5.837	0.62***	6.012
管制*NST							0.251+	1.778	0.357+	1.905
管制*WST							0.099	0.679	-0.126	-0.658
规范*NST							0.258+	1.771	0.146	-0.657
规范*WST							0.098	0.678	-0.26	-1.151
管制*规范*NST									-0.165	-0.613
管制*规范*WST									0.506+	1.803
R^2	0.152		0.191		0.55		0.578		0.595	
$\bar{R}^2$	0.138		0.169		0.532		0.552		0.565	
ΔR^2	—		0.039		0.359		0.009		0.017	
F	11.093***		8.665***		31.739***		22.157***		19.862***	

注：①† $p<0.1$；* $p<0.05$；** $p<0.01$；*** $p<0.001$；②系数为标准化系数。

　　表 5.10 描述了企业使命陈述对内部和外部利益相关者关切和制度管制与规范及其交互项与社会绩效的回归分析结果。

　　我们设企业社会绩效（CSP，社会责任指数）为因变量，企业使命陈述对内部（NST）和外部利益相关者（WST）的关切、政策性管制制度和规范制度以及管制制度与内部和外部利益相关者的一次交互，和规范制度与内部和外部利益相关者的一次交互项为自变量，并将管制与规范制度与使命陈述对内部和外部利益相关者关切做二次交互项测量。同时，将影响企业资源配置能力的企业的员工规模、资产规模和企业年龄作为控制变量建立模型。首先固定控制变量，第一次输入内部和外部利益相关者关切两个自变量，观察利益相关者与社会绩效关系，企业使命陈述对内部利益相关者关切与社会绩效具有显著正向影响，$Beta_{NST} = 0.167$，$t_{NST} = 2.081$，$\Delta R^2 = 0.039$。第二次将内部和外部利益相关者关切与人员、资产和年龄同时固定，输入制度和规范两个变量，发现管制制度与规范性制度对企业社会绩效具有显著的正向影响，$Beta_{管制} = 0.326$，$t_{管制} = 3.726$；$Beta_{规范} = 0.468$，$t_{规范} = 8.586$，$\Delta R^2 = 0.359$；且模型显著有效（$F = 31.739$，$p = 0.000$）。此时，企业使命陈述对利益相关者关切变量的影响系数值明显降低。可见，政策管制与规范管理对提高企业社会绩效具有明显的促进作用。从系数表现上，规范性制度更胜一筹。之后，为进一步验证管制与规范制度对使命陈述对利益相关者关切与企业绩效关系的影响，本研究将对利益相关者关切两个变量和管制与规范两个制度变量一同与人员、资产和年龄做固定的控制变量，再输入管制和规范，与对内部利益相关者关切和外部利益相关者关切的一次交互项做回归分析。结果表明，模型解释度增强，$\Delta R^2 = 0.028$。管制性与规范性制度对内部利益相关者关切的系数显著增强，系数由 $Beta_{NST} = 0.167$，$t_{NST} = 2.018$ 增至 $B_{管制 * NST} = 0.251$，$t_{管制 * NST} = 1.778$；$B_{规范 * NST} = 0.258$，$t_{规范 * NST} = 1.771$。而对外部利益相关者关切的系数增加，但并不显著，系数值由 $Beta_{WST} = 0.052$，$t_{WST} = 0.639$ 增至 $B_{管制 * WST} = 0.099$，$t_{管制 * WST} = 0.679$；$B_{规范 * WST} = 0.098$，$t_{规范 * WST} = 0.678$，说明管制制度对内部和外部利益相关者和社会绩效关系上具有显著正向调节作用，假设 8a 和假设 9a 获得支持；而在外部利益相关者关切和绩效关系上，管制和规范性制度的调节作用虽为正向但均不显著，假设 8b 和假设 9b 没有获得支持。

在管制与规范的二次交互向下，模型解释度增强，$\Delta R^2 = 0.017$；$B_{管制 * 规范 * NST} = -0.165$，$t_{管制 * 规范 * NST} = -0.613$；$B_{管制 * 规范 * WST} = 0.506^+$，$t_{管制 * 规范 * WST} = 1.803$。这说明单独的政策管制和规范性制度对企业提高使命陈述对内部利益相关者关切与社会绩效关系发挥了积极作用，而政策管制与标准规范的双重作用反而抑制了使命陈述对内部利益相关者关切与绩效的关系，说明政府管制政策的制定与非政府机构设定的标准和规范之间存在不协调或模糊问题，使企业难于把握正确地对利益相关者之间的治理关系，因此在行动上难于满足政策和规范的双重需要，从而产生观察甚至抵制倾向。假设 10a 没有获得支持。在对外部利益相关者问题管理上，管制与规范制度比较协调，两者共同作用对使命陈述对外部利益相关者关切与社会绩效关系呈现正向调节效应。假设 10b 获得支持。

图 5.4 描述了管制与规范制度一次交互项的回归结果，图 5.5 描述了管制与规范制度二次交互项的回归结果。

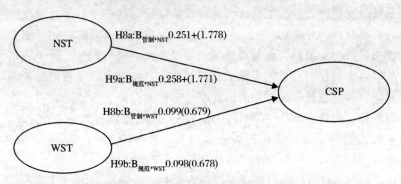

图 5.4　管制与规范制度的一次交互影响回归结果

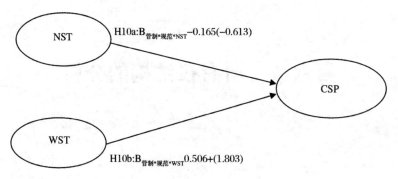

图 5.5 管制与规范制度的二次交互影响回归结果

五、小结

本章主要是对样本数据进行处理并验证研究的假设关系。通过因子分析获得使命陈述的价值观因子，并证明研究测量变量的可靠性。通过对变量之间关系的描述统计和相关性分析，考察变量之间的关系强度，以为进一步研究假设的分析提供基本条件。通过四个回归分析检验说明：一是企业使命陈述的价值观和对利益相关者关切与企业经济绩效和社会绩效之间的关系假设；二是使命陈述价值观与利益相关者关切之间的关系；三是企业经济绩效和社会绩效之间的关切，揭示使命陈述与绩效关系之间的深层影响机制；四是通过引入政府机构管制政策与非政府组织制定标准规范两个制度变量，测量制度对使命陈述的利益相关者关切与社会绩效的调节作用。有关研究假设测量的结果总结如表 7.1。

第六章　所有权结构的分析

一、国有企业的数据测量与结果

（一）国有企业使命陈述的价值观与绩效关系

为检验国有企业使命陈述价值观对企业绩效的作用，本研究采用与第五章相同的回归分析方法，分别检验企业使命陈述价值观和对利益相关者关切与企业社会绩效与经济绩效关系，使命陈述价值观与利益相关者关切关系，企业经济绩效和社会绩效直接按的相互影响，以及管制与规范制度在企业使命陈述与社会绩效建构上的调节作用，以进一步解释制度环境对塑造企业价值观和企业在价值理念引导下形成的对利益相关者管理战略与企业社会绩效的关系。上述四个问题有关国有企业数据的回归分析结果分别列示于表 6.1～表 6.5；回归分析的总结列示于图 6.1～图 6.5。民营企业的回归分析结果分别列示于表 6.6～表 6.10，回归分析的总结列示于图 6.6～图 6.10。

表 6.1 描述了企业价值观各因子与企业经济绩效和社会绩效的回归分析结果。

以社会绩效为因变量的模型均显著有效（F 值显著）。因变量社会绩效对自变量（企业价值观）社会道义、价值行为均没有显著影响，对道德素养显著，Beta＝0.210，t＝2.01；ΔR 方＝0.032，增加了对因变量的揭示程度。说明国有企业使命陈述价值观道德素养对企业社会绩效具有积极正向影响。以企业经济绩效为因变量的模型均显著有效（F 值显著）。因变量经济绩效对自变量（企业价值观）社会道义和价值行为均没有显著影响，但对道德素养显著，Beta＝－0.200，t＝－1.865；ΔR 方＝0.029，增加了对因变量的揭示程度。回归结果显示，国有企业在使命陈述中表达的道德素养价值观要素越多，企业的经济绩效反而越低。制度理论认为（Mayer & Rowan，1977），当企业为合法性需求而从事的活动与企业的经济活动产生冲突时，会降低企业的经济绩效。所以，如果企业为合法性需求表达出所具有的高尚道德并不是真挚的指导实际行为的约束，而是为获得道德合法性，那么在使命中提出的道德素养要素越多，企业经济绩效越低。图 6.1 总结了上述关系的回归分析结果。

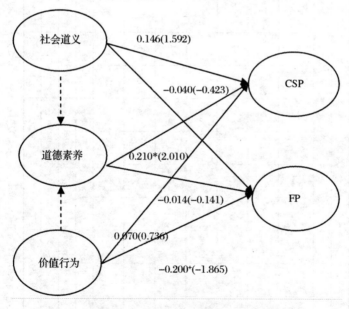

图 6.1　国有企业使命陈述价值观与企业绩效关系

表6.1　国有企业价值观与企业绩效关系回归分析

变量	社会绩效 CSP M0 (控制变量输入)	t值	M1 (输入社会道义)	t值	M2 (输入价值行为)	t值	M3 (输入道德素养)	t值	经济绩效 FP M0 (控制变量输入)	t值	M1 (输入社会道义)	t值	M2 (输入价值行为)	t值	M3 (输入道德素养)	t值
控制变量　员工人数	0.223*	2.415	0.208*	2.254	0.210*	2.268	0.205*	2.249	−0.055	−0.594	−0.051	−0.545	−0.052	−0.546	−0.047	−0.504
资产规模	0.263**	2.843	0.280**	3.026	0.275**	2.963	0.281**	3.067	−0.335	−3.589	−0.34	−3.600	−0.339	−3.566	−0.344***	−3.664
企业年龄	0.001	0.009	−0.015	−0.160	−0.007	−0.079	−0.011	−0.117	0.054	0.585	0.058	0.624	0.057	0.602	0.06	0.644
自变量　社会道义			0.146	1.592	0.126	1.315	0.054	0.53			−0.04	−0.423	−0.036	−0.141	0.033	0.321
价值行为					0.070	0.736	0.005	0.055					−0.014		0.048	0.469
道德素养							0.210*	2.010							−0.200^{+}	−1.865
指标　R^2	0.139		0.159		0.164		0.196		0.123		0.124		0.124		0.153	
$\bar{R}^2$	0.114		0.127		0.123		0.148		0.097		0.090		0.081		0.103	
$\triangle R^2$	—		0.02		0.005		0.032		—		0.001		0		0.029	
F	5.587***		4.886***		4.001***		4.105***		4.841**		3.647**		2.894**		3.05**	

注：① † $p<0.1$；* $p<0.05$；** $p<0.01$；*** $p<0.001$；②系数为标准化系数。

表 6.2　国有企业使命陈述对内部和外部利益相关者关切与企业绩效关系的回归分析

变量		社会绩效 CSP						经济绩效 FP					
模型		M0		M1		M2		M0		M1		M2	
方法		控制变量输入	t值	输入 NST	t值	输入 WST	t值	控制变量输入	t值	输入 NST	t值	输入 WST	t值
控制变量	员工人数	0.223*	2.415	0.182*	2.003	0.182	1.931	−0.055	−0.594	−0.023	−0.252	−0.043	−0.449
	资产规模	0.263**	2.843	0.264**	2.937	0.264	2.89	−0.335	−3.589	−0.336	−3.652	−0.324	−3.472
	企业年龄	0.001	0.009	−0.003	−0.035	−0.003	−0.035	0.054	0.585	0.057	0.628	0.054	0.59
自变量	内部利益相关者 NST			0.242**	2.701	0.241	2.202			−0.189	−2.06	−0.243	−2.175
	外部利益相关者 WST					0.002	0.016					0.098	0.851
指标	R^2	0.139		0.151		0.158		0.123		0.157		0.163	
	$\bar{R}^2$	0.114		0.107		0.125		0.097		0.125		0.122	
	ΔR^2	—		0.012		0.019		—		0.034		0.006	
	F	5.587***		6.268***		4.966***		4.841**		4.805***		3.978**	

注：① †$p<0.1$；*$p<0.05$；**$p<0.01$；***$p<0.001$；②系数为标准化系数。

（二）国有企业使命陈述的利益相关者关切与绩效关系

表 6.2 描述了国有企业使命陈述对内部和外部利益相关者关切与企业绩效关系的回归分析结果。

以社会绩效为因变量的模型均显著有效（F 值显著）。结果显示，因变量社会绩效对自变量企业使命陈述内部利益相关者关切的影响显著，Beta＝0.242，t＝2.701；ΔR^2 方改变为 0.03，增加了对因变量的揭示程度，而对外部利益相关者关切不显著（Beta＝0.144，t＝1.514）。

以企业经济绩效为因变量的模型均显著有效（F 值显著）。但因变量经济绩效对自变量使命陈述对内部利益相关者呈负向显著关系（Beta＝－0.189，t＝－2.061；ΔR^2＝0.003），对外部利益相关者关切没有显著影响。说明国有企业使命陈述对内部利益相关者关切的言论宣传高于企业的实际经济绩效。图 6.2 总结了利益相关者关切与企业绩效关系的回归分析结果。

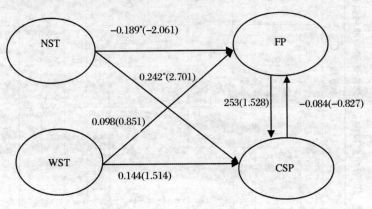

图 6.2 国有企业使命陈述对利益相关者关切与企业绩效关系

（三）国有企业使命陈述价值观与利益相关者关切关系

表 6.3 描述了企业使命陈述价值观对内部和外部利益相关者关切的回归分析结果。

表6.3　国有企业价值观对利益相关者关切回归分析

变量	内部利益相关者 M0 控制变量输入	t值	内部利益相关者 M1 输入社会道义	t值	内部利益相关者 M2 输入价值行为	t值	内部利益相关者 M3 输入道德素养	t值	外部利益相关者 M0 控制变量输入	t值	外部利益相关者 M1 输入社会道义	t值	外部利益相关者 M2 输入价值行为	t值	外部利益相关者 M3 输入道德素养	t值
员工人数	0.169	1.722	0.143	1.49	0.145	1.503	0.135	1.523	0.293	3.084	0.243**	2.913	0.245**	2.941	0.239**	2.952
资产规模	-0.004	-0.036	0.025	0.256	0.02	0.21	0.033	0.369	-0.127	-1.332	-0.072	-0.85	-0.077	-0.925	-0.071	-0.871
企业年龄	0.016	0.169	-0.01	-0.102	-0.003	0.03	-0.01	-0.116	0.043	0.456	-0.008	-0.099	0.001	0.013	-0.003	-0.034
社会道义			0.246*	2.578	0.228*	2.278	0.069	0.706			0.481***	5.816	0.456***	5.288	0.374***	4.16
价值行为					0.065	0.659	-0.075	-0.789					0.087	1.022	0.014	0.165
道德素养							0.46***	4.536							0.238*	2.556
R^2	0.028		0.087		0.091		0.245		0.09		0.315		0.363		0.363	
$\bar{R}^2$	0.000		0.052		0.047		0.200		0.064		0.288		0.325		0.325	
ΔR^2	—		0.059		0.004		0.154		—		0.225		0.041		0.041	
F	1.016		2.465*		2.048		5.463		3.422*		11.833***		9.593***		9.593***	
F_{sig}	0.389		0.05		0.078		0.000		0.02		0.000		0.000		0.000	

注：①†$p<0.1$；*$p<0.05$；**$p<0.01$；***$p<0.001$；②系数为标准化系数。

以内部利益相关者（NST）为因变量的模型均显著有效（F 值显著）。结果显示，因变量国有企业使命陈述对内部利益相关者关切对自变量企业使命陈述价值观的社会道义、价值行为和道德素养均呈显著正向关系（Beta＝0.246，t＝2.578，ΔR^2＝0.028；Beta＝0.065，t＝0.659，ΔR^2＝0.004；Beta＝0.460，t＝4.536，ΔR^2＝0.154）。外部利益相关者关切对社会道义内和道德素养均呈显著正向关系（$Beta_{社会道义}$＝0.481，t＝5.816，ΔR^2＝0.225；$Beta_{价值行为}$＝0.087，t＝1.022，ΔR^2＝0.007；$Beta_{道德素质}$＝0.238，t＝2.556，ΔR^2＝0.041）。这一结果增强了研究设定的假设。在总体模型检验中没有得到显著支持的价值行为，在此得到全部支持。

图 6.3 总结了利益相关者关切与企业绩效关系的回归分析结果。

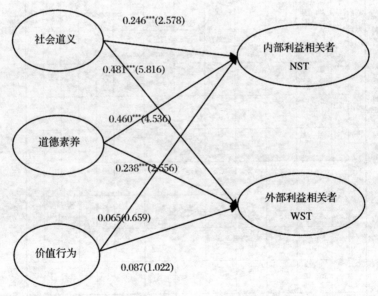

图 6.3 国有企业使命陈述价值观与企业利益相关者关切回归分析

表 6.4　国有企业绩效关系回归分析

变量		社会绩效 CSP				经济绩效 FP			
模型		M0		M1		M0		M1	
方法		控制变量输入	t 值	输入上年财务绩效	t 值	控制变量输入	t 值	输入上年社会绩效	t 值
控制变量	员工人数	0.223*	2.415	−0.111	−0.328	−0.055	−0.594	−0.054	−0.7553
	资产规模	0.263**	2.843	0.762	2.232	−0.335	−3.589	−0.294***	−2.968
	企业年龄	0.001	0.009	0.123	0.741	0.054	0.585	0.140	1.487
自变量	上年财务绩效			0.253	1.528				
	上年社会绩效							−0.084	−0.827
指标	R^2	0.139		0.488		0.078		0.140	
	$\bar{R}^2$	0.114		0.391		0.063		0.105	
	ΔR^2	—		0.349		—		0.012	
	F	5.587***		5.011**		5.217**		4.001***	

注：① †$p<0.1$；* $p<0.05$；** $p<0.01$；*** $p<0.001$；②系数为标准化系数。

（四）国有企业社会绩效与经济绩效关系

表 6.4 描述了国有企业社会绩效与企业财务绩效关系。

在测量企业社会绩效对经济绩效影响时，发现 R^2 改变为 0.488，增强了模型变异程度。关系系数为正向，Beta＝0.253，t＝1.528，ΔR^2＝0.349。虽然显著性不足，但测量模型表现具有统计上的显著性（F＝5.011，显著性 p＝0.005）。说明企业上年的财务状况会正向影响企业次年的社会绩效。增强了假设 6 的部分支持。

在经济绩效对次年社会绩效为自变量的回归分析结果显示，R^2 改变为 0.006，少许增强了模型变异程度。关系系数为负向，Beta＝－0.084，t＝－827，ΔR^2＝0.012。显著性在临界点边缘，但测量模型表现具有统计上的显著性（F＝4.001，显著性 p＝0.005）。说明企业社会绩效会降低企业次年的经济绩效，进一步增强了假设 7 的反向支持。

图 6.3 标示了企业经济绩效和社会绩效关系的回归分析结果。

（五）国有管制与规范性制度的调节作用

管制性政策（假设 8）和规范性标准（假设 9）在国有企业使命陈述对利益相关者关切与企业社会绩效间的调节作用回归分析结果如表 6.5。

表6.5　　国有企业制度影响分析

变量		M0		M1		M2		M3		M4	
模型						社会绩效 CSP					
方法		控制变量输入	t 值	输入 NST\WST	t 值	输入制度要素	t 值	输入规范制度一次交互	t 值	输入制度二次交互项	t 值
控制变量	员工人数	0.223*	2.415	0.182+	1.931	−0.006	−0.093	−0.034	−0.504	−0.016	−0.244
	资产规模	0.263**	2.843	0.264**	2.89	0.125+	1.905	0.106+	1.667	0.105+	1.697
	企业年龄	0.001	0.009	−0.003	−0.035	−0.089	−1.408	−0.095	−1.552	−0.1+	−1.666

续表

社会绩效 CSP

变量 模型 方法	M0 控制变量输入	t值	M1 输入NST\WST	t值	M2 输入制度要素	t值	M3 输入规范制度一次交互	t值	M4 输入制度二次交互项	t值
NST			0.241*	2.2	0.156*	2.017	−0.356	−0.992	−0.661	−1.327
WST			0.002	0.016	−0.03	−0.37	−0.012	−0.044	−0.101	−0.306
管制					0.189*	2.56	0.034	0.385	0.003	0.039
规范					0.597***	7.87	0.635***	5.465	0.649***	5.636
管制*NST							0.779+	1.891	1.1+	1.957
管制*WST							−0.17	−0.507	−0.038	−0.093
规范*NST							−0.396+	−1.968	−0.603	−0.448
规范*WST							0.365+	1.757	1.436	1.126
管制*规范*NST									0.18	0.134
管制*规范*WST									−1.125	−0.865
R^2	0.139		0.196		0.61		0.656		0.678	
$\bar{R}^2$	0.114		0.156		0.583		0.617		0.633	
ΔR^2	—		0.057		0.414		0.014		0.022	
F	5.587***		4.966***		22.331***		16.164***		15.196***	

注：①†$p<0.1$；*$p<0.05$；**$p<0.01$；***$p<0.001$；②系数为标准化系数。

表 6.5 描述了企业使命陈述对内部和外部利益相关者关切和制度管制与规范及其交互项与社会绩效的回归分析结果。

在固定控制变量和内部和外部利益相关者关切，发现管制制度与规范性制度对企业社会绩效具有显著的正向影响（$Beta_{管制} = 0.189$，$t_{管制} = 2.56$；$Beta_{规范} = 0.597$，$t_{规范} = 7.87$，$\Delta R^2 = 0.414$）；且模型显著有效（$F = 22.331$，$p = 0.000$）。此时，企业使命陈述对利益相关者关切变量的影响系数指明显降低。可见，政策管制与规范管理对提高企业社会绩效具有明显的促进作用。从系数表现上，规范性制度更胜一筹。假设 11 没有获得支持。

进一步验证管制与规范制度对使命陈述对利益相关者关切与企业绩效关系的影响的回归分析结果表明，模型解释度增强，$\Delta R^2 = 0.45$。管制性与规范性制度对内部利益相关者关切与社会绩效关系的系数显著增强，系数由 $Beta_{NST} = 0.241$，$t_{NST} = 2.2$，增至 $B_{管制 * NST} = 0.779$，$t_{管制 * NST} = 1.891$；说明国有企业受到政策制度较强影响，但实际行动绩效显著性不大。而规范制度发挥较强的显著作用 $B_{规范 * NST} = 0.396$，$t_{规范 * NST} = 1.968$。而对外部利益相关者关切的系数增加，但并不显著，系数值由 $Beta_{WST} = 0.002$，$t_{WST} = 0.016$ 增至 $B_{管制 * WST} = 0.17$，$t_{管制 * WST} = 0.507$；$B_{规范 * WST} = 0.365$，$t_{规范 * WST} = 1.757$。但在管制与规范的二次交互向下，模型解释度增强，$\Delta R^2 = 0.022$。对内部利益相关者与绩效关系系数系数呈反向，但不显著，$B_{管制 * 规范 * NST} = -0.603$，$t_{管制 * 规范 * NST} = -0.423$；对外部利益相关者与绩效关系系数增强，但显著性不高，$B_{管制 * 规范 * WST} = -1.125$，$t_{管制 * 规范 * NST} = -0.803$。这一结果表明国有企业感知到的管制制度与规范制度存在较大的模糊性。两种制度对企业的调节作用相矛盾。这一结果表明规范制度在国有企业使命陈述对利益相关者关切和社会技校之间发挥了正向作用，印证了假设 8、假设 9 和假设 10 的分析结果。

图 6.4、图 6.5 标示了管制与规范制度在国有企业使命陈述对利益相关者关切与社会绩效关系上的一次交互影响和二次交互影响的回归结果。

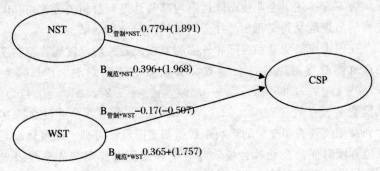

图 6.4　国有企业管制与规范制度的一次交互影响回归结果

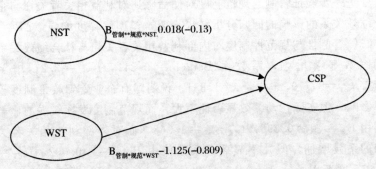

图 6.5　国有企业管制与规范制度的二次交互影响回归结果

二、民营企业的数据测量与结果

（一）使命陈述的价值观与绩效关系

　　为检验民营企业使命陈述价值观对企业绩效的作用，本研究采用与第五章相同的回归分析方法，分别检验企业使命陈述价值观和对利益相关者关切与企业社会绩效与经济绩效关系，使命陈述价值观与利益相关者关切关系，企业经济绩效和社会绩效直接按的相互影响，以及管制与规范制度在企业使命陈述与社会绩效建构上的调节作用，以进一步解释制度环境对塑造企业价值观和企业在价值理念引导下形成的对利益相关者管理战略与企业社会绩效的关系。上述四个问题有关民营企业的回归分析结果分别于表 6.6～表 6.10，回归分析的总结于图 6.6～图 6.10。

表 6.6 描述了企业价值观各因子与企业经济绩效和社会绩效的回归分析结果。

表6.6　民营营企业价值观与企业绩效关系回归分析

变量	社会绩效 CSP								经济绩效 FP							
模型	M0		M1		M2		M3		M0		M1		M2		M3	
方法	控制变量输入	t值	输入社会道义	t值	输入价值行为	t值	输入道德素养	t值	控制变量输入	t值	输入社会道义	t值	输入价值行为	t值	输入道德素养	t值
控制变量　员工人数	0.156	1.115	0.176	1.261	0.181	1.328	0.181	1.313	0.013	0.082	0.022	0.136	0.022	0.134	0.02	0.121
资产规模	0.452**	3.224	0.430**	3.072	0.508***	3.499	0.517	3.452	-0.248	-1.559	-0.259	-1.601	-0.254	-1.568	-0.220	-1.241
企业年龄	-0.127	-0.905	-0.157	-1.116	-0.166	-1.203	-0.156	-1.092	0.087	0.549	0.073	0.447	0.072	0.439	0.106	0.631
自变量　社会道义			0.191	1.348	0.076	0.492	0.057	0.338			0.092	0.562	0.085	0.468	0.011	0.053
价值行为					0.257	1.618	0.244	1.461					0.016	0.083	-0.037	-0.187
道德素养							0.051	0.307							0.199	1.009
指标　R^2	0.258		0.293		0.341		0.343		0.072		0.080		0.080		0.107	
$\bar{R}^2$	0.200		0.216		0.249		0.23		-0.003		-0.022		-0.051		-0.051	
ΔR^2	—		0.035		0.048		0.002		—		0.008		0		0.027	
F	4.407**		3.831*		3.723**		3.04*		0.958		0.784		0.612		0.679	
									0.423		0.543		0.692		0.667	

注：①†p<0.1；*p<0.05；**p<0.01；***p<0.001；②系数为标准化系数。

在以社会绩效为因变量的模型均显著有效（F 值显著）。因变量社会绩效对自变量（企业价值观）社会道义、价值行为、道德素养虽为正向关系，但均不显著。说明民营企业使命陈述的价值观对企业社会绩效没有形成显著正向影响。

在以企业经济绩效为因变量的模型均未显著有效（F 值不显著）。图 6.6 总结了上述关系的回归分析结果。

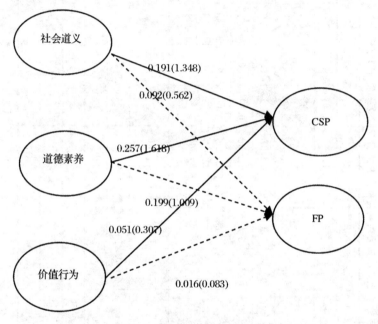

图 6.6　民营企业使命陈述价值观与企业绩效关系

（二）民营企业使命陈述的利益相关者关切与绩效关系

表 6.7 描述了民营企业使命陈述对内部和外部利益相关者关切与企业绩效关系的回归分析结果。

表 6.7　民营企业使命陈述对利益相关者关切与绩效关系回归分析

变量		社会绩效 CSP M0 控制变量输入	t值	M1 输入 NST	t值	M2 输入 WST	t值	经济绩效 FP M0 控制变量输入	t值	M1 输入 NST	t值	M2 输入 WST	t值
控制变量	员工人数	0.156	1.115.	0.156	1.138	0.159	1.156	-0.156	-0.863	0.012	0.079	0.013	0.085
	资产规模	0.452**	3.224	413	2.965	0.415	2.958	0.070	0.384	-0.307	-2.011	-0.307	-1.98
	企业年龄	-0.127	-0.905	-0.074	-0.522	-0.096	-0.658	-0.028	-0.161	0.166	1.075	0.16	0.996
自变量	内部利益相关者 NST			0.239	1.673	0.155	0.822			0.358*	2.285	0.333	0.185
	外部利益相关者 WST					0.125	0.693					0.037	0.19
指标	R^2	0.258		0.310		0.307		0.024		0.19		0.075	
	$\bar{R}^2$	0.200		0.236		0.232		-0.062		0.100		0.0	
	ΔR^2	—		0.052		0.045		—		0.118		0.0	
	F	4.407**		4.162		4.091*		0.279		2.106		1.647	
	F_{sig}	0.009		0.007		0.013		0.840		100		0.174	

注：① † p＜0.1；* p＜0.05；** p＜0.01；*** p＜0.001；② 系数为标准化系数。

    以社会绩效为因变量的模型均显著有效（F 值显著）。结果显示，因变量社会绩效对自变量企业使命陈述内部利益相关者关切为正向影响但不显著，Beta＝0.239，t＝1.673；ΔR^2＝0.052，增加了对因变量的揭示程度，对外部利益相关者关切也没有显著影响（Beta＝0.125，t＝693，ΔR^2＝0.045）。

    在以企业经济绩效为因变量的模型均无效（F 值不显著）。

    图 6.7 总结了利益相关者关切与企业绩效关系的回归分析结果。

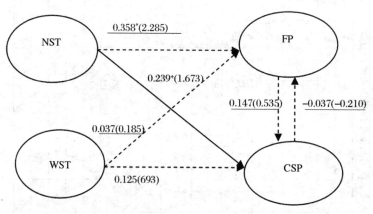

图 6.7　民营企业使命陈述对利益相关者关切与企业绩效关系

（三）民营企业使命陈述价值观与利益相关者关切关系

    表 6.8 描述了民营企业使命陈述价值观对内部和外部利益相关者关切的回归分析结果。

表6.8　民营企业价值观对利益相关者关系切回归分析

变量	内部利益相关者								外部利益相关者							
模型	M0		M1		M2		M3		M0		M1		M2		M3	
方法	控制变量输入	t值	输入社会道义	t值	输入价值行为	t值	输入道德素养	t值	控制变量输入	t值	输入社会道义	t值	输入价值行为	t值	输入道德素养	t值
员工人数	0.001	0.009	0.031	0.201	0.037	0.250	0.039	0.293	−0.028	−0.174	0.026	0.187	0.029	0.206	0.031	0.248
资产规模	0.167	1.069	0.133	0.872	0.227	1.441	0.31*	2.156	0.096	0.593	0.033	0.233	0.074	0.492	0.158	1.159
企业年龄	−0.224	−1.438	−0.268	−1.752	−0.279+	−1.871	−0.186	−1.356	0.026	0.158	−0.057	−0.057	−0.062	−0.43	0.032	0.245
社会道义			0.283+	1.835	0.147	0.876	−0.039	−0.240			0.528***	3.694	0.469**	2.907	0.281+	1.832
价值行为					0.305+	1.775	0.175	1.093					0.134	0.814	0.003	0.021
道德素养							0.498*	3.103							0.500***	3.298
R^2	0.084		0.16		0.228		0.394		0.010		0.277		0.290		0.458	
$\bar{R}^2$	0.012		0.07		0.121		0.291		−0.068		0.199		0.191		0.365	
ΔR^2	—		0.076		0.068		0.166		—		0.267		0.013		0.168	
F	1.16	0.389	1.766+	0.056	2.125	0.085	3.800**	0.005	0.128	0.943	3.54*	0.015	2.979*	0.025	4.939***	0.001

注：① $\dagger\ p<0.1$；$*\ p<0.05$；$**\ p<0.01$；$***\ p<0.001$；②系数为标准化系数。

以内部利益相关者（NST）为因变量的模型均显著有效（F值显著）。结果显示，因变量民营企业使命陈述对内部利益相关者关切对自变量企业使命陈述价值观的社会道义、价值行为和道德素养均呈显著正向关系（Beta＝0.283，t＝1.835，ΔR^2＝0.076；Beta＝0.305，t＝1.775，ΔR^2＝0.068；Beta＝0.498，t＝3.103，ΔR^2＝0.166）。外部利益相关者关切对社会道义和道德素养均呈显著正像关系（$Beta_{WST社会道义}$＝0.528，t＝3.694，ΔR^2＝0.267；$Beta_{价值行为}$＝0.134，t＝0.814，ΔR^2＝0.013；$Beta_{道德素质}$＝0.500，t＝3.298，ΔR^2＝0.168）。而价值行为虽为正向关系，但统计意义的显著性不足。这一结果增强了研究设定的假设5a和假设5b。图6.8总结了民营企业使命价值观和对利益相关者关切的回归分析结果。

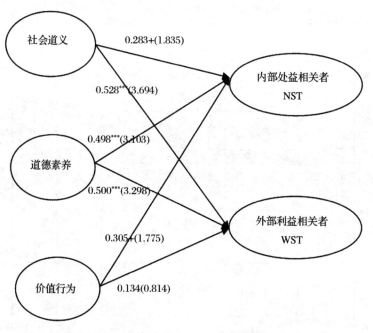

图6.8　民营企业使命陈述价值观与企业利益相关者关切回归分析

表 6.9　民营企业绩效关系回归分析

变量		社会绩效 CSP				经济绩效 FP			
模型		M0		M1		M0		M1	
方法		控制变量输入	t值	输入上年财务绩效	t值	控制变量输入	t值	输入上年社会绩效	t值
控制变量	员工人数	0.156	1.115.	0.439	0.138	−0.156	−0.863	−0.149	−0.803
	资产规模	0.452**	3.224	0.112	0.396	0.070	0.384	0.070	0.387
	企业年龄	−0.127	−0.905	−0.560	−1.947	−0.028	−0.161	−0.033	−0.188
自变量	上年财务绩效／上年社会绩效			0.147	0.535			−0.037	−0.210
指标	R^2	0.258		0.318		0.024		0.025	
	$\bar{R}^2$	0.200		0.046		−0.062		−0.093	
	$\triangle R^2$	—		0.050		—		0.001	
	F	4.407**		1.167		0.279		0.214	
		0.009		0.381		.840		0.929	

注：①†$p<0.1$；*$p<0.05$；**$p<0.01$；***$p<0.001$；②系数为标准化系数。

（四）民营企业社会绩效与经济绩效关系

表 6.9 描述了民营企业社会绩效与企业财务绩效关系。

在测量企业社会绩效对经济绩效影响时，测量模型无效，F 值不显著（F=1.167，显著性 p=0.381）。

在经济绩效对次年企业的社会绩效为自变量的回归分析测量模型表现没有统计上的显著性（F=0.214，显著性 p=0.929）。图 6.7 标示了企业经济绩效和社会绩效关系的回归分析结果。

（五）民营企业管制与规范性制度的调节作用

管制性政策和规范性标准在民营企业使命陈述对利益相关者关切与企业社会绩效间的调节作用回归分析结果（如表 6.10）。

表 6.10　　　　民营企业制度影响分析

变量	模型	社会绩效 CSP									
	方法	M0		M1		M2		M3		M4	
		控制变量输入	t 值	输入利益相关者关切	t 值	输入制度要素	t 值	输入规范制度一次交互	t 值	输入制度二次交互项	t 值
控制变量	员工人数	0.156	1.115	0.159	1.156	0.078	0.682	0.059	0.466	0.082	0.614
	资产规模	0.452***	3.224	0.415**	2.985	−0.257	−1.353	−0.354	−1.526	−0.26	−0.854
	企业年龄	−0.127	−0.905	−0.096	−0.658	−0.045	−0.375	−0.03	−0.224	−0.027	−0.197

续表

变量	社会绩效 CSP									
模型	M0		M1		M2		M3		M4	
方法	控制变量输入	t 值	输入利益相关者关切	t 值	输入制度要素	t 值	输入规范度一次交互	t 值	输入制度二次交互项	t 值
自变量 NST			0.155	0.822	0.052	0.337	0.023	0.087	0.053	0.178
WST			0.125	0.693	0.197	1.246	0.225	0.74	0.221	0.669
管制					0.097	0.748	0.249	0.762	0.267	0.795
规范					0.83***	4.202	0.61	1.667	0.646+	1.708
管制 * NST							−0.009	−0.024	−0.009	−0.019
管制 * WST							−0.178	−0.39	−0.156	−0.298
规范 * NST							0.238	0.489	0.074	0.117
规范 * WST							0.117	0.346	0.626	0.72
管制 * 规范 * NST									0.005	0.007
管制 * 规范 * WST									−0.511	−0.55
指标 R^2	0.258		0.319		0.573		0.589		0.597	
$\bar{R}^2$	0.2		0.225		0.485		0.438		0.410	
ΔR^2	—		0.061		0.254		0.016		0.008	
F	4.407**		3.379*		6.51***		3.906***		3.196**	

注：① † $p<0.1$；* $p<0.05$；** $p<0.01$；*** $p<0.001$；②系数为标准化系数。

　　在固定控制变量和内部和外部利益相关者关切，发现管制制度与规范性制度对民营企业社会绩效具有的正向影响，但规范制度表现出显著性，而政策管制没有，Beta$_{民营管制}$ = 0.097，t$_{民营管制}$ = 0.748；Beta$_{民营规范}$ = 0.83，t$_{民营规范}$ = 4.202，$\Delta R^2_{民营规范}$ = 0.254；且模型显著有效（F = 6.51，p = 0.000）。从系数表现上，规范性制度更胜一筹。这与总体模型相一致，支持了假设 12。

　　进一步验证管制与规范制度对使命陈述对利益相关者关切与企业绩效关系的影响的回归分析结果表明，模型解释度增强，ΔR^2 = 0.016。管制性制度对利益相关者的一次交互项对内部利益相关者关切和外部利益相关者关切的系数呈负向，但显著性不足。而规范制度对内部利益相关者的一次交互项系数明显提高，由 Beta$_{NST}$ = 0.155，t$_{规范 * NST}$ = 0.822 增至 B$_{规范 * NST}$ = 0.238，t$_{规范 * NST}$ = 0.489；对外部交互性系数降低，但显著性不足。说明民营企业受到政策制度较弱，而更多受到市场规范与标准的影响，特别是这些规范在企业对内部利益相关者的规范要求使企业在对内部利益相关者关切上的行动更明显。但在管制与规范的二次交互项作用下，模型解释度少有增强，ΔR^2 = 0.008。对内部利益相关者与绩效关系系数大大降低，但不显著，而对外部利益相关者的二次交互项呈负向，但也不显著。B$_{管制 * 规范 * NST}$ = −0.005，t$_{管制 * 规范 * NST}$ = −0.007；对外部利益相关者与绩效关系系数增强，但系数显著性不高，B$_{管制 * 规范 * WST}$ = −0.511，t$_{管制 * 规范 * NST}$ = −0.55。这一结果表明，民营企业感知到的管制制度与规范制度存在较大的模糊性。两种制度对企业的调节作用降低了企业在利益相关者关注与社会绩效之间的关系。

　　图 6.9 标示了管制与规范制度的一次交互影响回归结果，图 6.10 对管制与规范制度的二次交互影响回归结果做了描述。

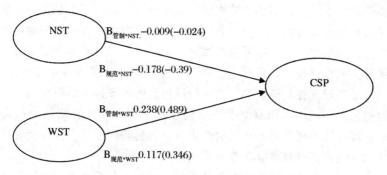

图 6.9 民营企业管制与规范制度的一次交互影响回归结果

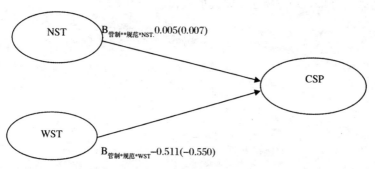

图 6.10 民营企业管制与规范制度的二次交互影响回归结果

三、本章小结

本章主要从实证角度测量分析了国有、民营企业在企业使命陈述价值观和利益相关者关切对企业经济和社会绩效的影响，以及企业价值观对企业利益相关者关切的影响，社会绩效与经济绩效之间的互动关系，以及在管制与规范制度调解下，企业从使命陈述对利益相关者的关切转化为社会绩效的调节作用。

从国有企业与民营企业的不同制度环境分析的研究结果进一步揭示了本研究的假设，特别是发现了原来预设的假设国有企业会更多受到国家政策管制调节的假设没有得到支持。国有企业在使命陈述对利益相关者的关切向社会绩效的转化过程中，规范性制度发挥了更大的作用。这一结果与对民营企业受市场规范较多的制度环境假设上的推测相同，民营企业在使命陈述向社会绩效转化过程中，更多受到规范性制度影响，这一假设得到验证支持。说明在当前我国的制度环境中，国有企业与民营企业一样，在社会绩效的提高上，规范性制度发挥了较大的作用，企业更趋向于从企业社会责任的规范制度获得技术合法性。

对国有企业与民营企业的价值观对绩效的分析和对利益相关者的影响分析，均支持了本研究的假设。

第七章 研究讨论与结论

一、研究假设检验结果总结

本研究在第 3 章的分析讨论中共提出 4 个类别 18 项假设，在第 5 章的总体数据分析和第 6 章的所有权结构专项分析中，共有 8 项假设获得全部支持，3 项假设获得部分支持，主要是显著性不充分。7 项假设没有获得支持。具体结果见表 7-1。

上述研究结果表明，企业使命陈述作为企业战略管理的重要工具，在企业绩效的实现过程中深受制度环境的影响。从国内企业 100 强（包括国有、民营、外资各 100 家企业）获得的数据资料分析发现，当前企业的使命陈述对企业经济绩效的影响并不深刻，而对利益相关者的关切与企业的社会绩效具有显著关系。这表明企业使命尚须发挥出更大的管理和指导企业实践的作用。企业的制度环境对企业绩效提高具有显著作用，政策管制制度和管理的标准规范对企业社会绩效形成具有较大影响，特别是规范性制度在企业使命对利益相关者的关切与社会绩效关系的影响中更为显著。

本章从企业使命陈述与绩效关系的假设检验结果来揭示期间存在的企业价值、战略行为与绩效关系，以及制度环境在塑造企业价值认知和调节企业战略与绩效关系中的作用进行分析与讨论。

表7.1　研究假设检验结果总结

类别	假设编号	假设内容	结果								
			总体			国有			民营		
			系数方向	显著性	结果	系数方向	显著性	结果	系数方向	显著性	结果
使命陈述价值观与绩效	H1:	企业使命陈述的价值观会正向影响企业的经济绩效	负	否	不支持	负	否	不支持	F值不显著	F值不显著	不支持
	H2:	企业使命陈述的价值观会正向影响企业的社会绩效	正	否	不支持	正	否	不支持	正	否	不支持
使命陈述利益相关者与绩效	H3a:	企业使命陈述中对股东与员工等内部利益相关者关切正向影响企业的经济绩效	负	否	不支持	负	显著	不支持	F值不显著	F值不显著	不支持
	H3b:	企业使命陈述中对顾客、伙伴、社区与环境等外部利益相关者关切正向影响企业的经济绩效	正	否	不支持	正	否	不支持	F值不显著	F值不显著	不支持
	H4a:	企业使命陈述中对股东与员工等内部利益相关者关切正向影响企业的社会绩效	正	显著	支持	正	显著	支持	正	显著	支持
	H4b:	企业使命陈述中对顾客、伙伴、社区与环境等外部利益相关者关切正向影响企业的社会绩效	正	显著	支持	正	否	不支持	正	否	不支持

续表

类别	假设编号	假设内容	结果								
			总体			国有			民营		
			系数方向	显著性	结果	系数方向	显著性	结果	系数方向	显著性	结果
价值观与利益相关者关切	H5a:	企业价值观会正向影响企业对内部利益相关者关切	正	显著	支持	正	显著	支持	正	显著	支持
	H5b:	企业价值观会正向影响企业对外部利益相关者关切	正	显著	支持	正	显著	支持	正	显著	支持
企业经济绩效与社会绩效	H6:	企业的经济绩效与企业的社会绩效具有相关性，企业过去的经济绩效会正向影响企业今后的社会绩效	正	显著	支持	正	显著	支持	F值不显著		不支持
	H7:	企业的社会绩效与企业的经济绩效具有相关性，企业今后的社会绩效会正向影响企业今后的经济绩效	负	否	不支持	负	否	不支持	F值不显著		不支持

续表

类别	假设编号	假设内容	结果								
			总体			国有			民营		
			系数方向	显著性	结果	系数方向	显著性	结果	系数方向	显著性	结果
管制与规范制度调节分析	H8a：	管制性制度会正向调节企业社会绩效关系，企业受到管制性制度压力程度越高，企业使命陈述越会重视对内部相关利益者的关切，社会绩效越高	正	显著	支持	正	显著	支持	负	否	不支持
	H8b：	管制性制度会正向调节企业社会绩效关系，企业受到管制性制度压力程度越高，企业使命陈述越会重视对外部相关利益者的关切，社会绩效越高	正	否	不支持	负	否	不支持	正	否	不支持

续表

类别	假设编号	假设内容	结果								
			总体			国有			民营		
			系数方向	显著性	结果	系数方向	显著性	结果	系数方向	显著性	结果
管制与规范制度调节分析	H9a:	规范性制度正向调节企业对利益相关者关切与社会绩效关系，企业受到规范性制度压力程度越高，企业使命陈述对内部利益相关者趋越关注，企业社会绩效越高	正	显著	支持	正	显著	支持	负	否	不支持
	H9b:	规范性制度正向调节企业对利益相关者关切与社会绩效关系，企业受到规范性制度压力程度越高，企业使命陈述对外部利益相关者趋越关注，企业社会绩效越高	正	否	不支持	正	显著	支持	正	否	不支持

续表

类别	假设编号	假设内容	结果								
			总体			国有			民营		
			系数方向	显著性	结果	系数方向	显著性	结果	系数方向	显著性	结果
管制与规范制度调节分析	H10a：	管制性与规范性制度的双重作用会调节企业切实社会绩效度越高，两种制度协调程度对内部利益相关者带来的企业社会绩效越高	负	否	不支持	负	否	不支持	正	否	不支持
	H10b：	管制性与规范性制度的双重作用会调节企业切实社会绩效度越高，两种制度协调程度对外部利益相关者带来的企业社会绩效越高	正	显著	支持	负	否	不支持	负	否	不支持

续表

类别	假设编号	假设内容	结果							
			总体			国有			民营	
			系数方向	显著性	结果	系数方向	显著性	结果	显著性	结果
国有与民营企业制度比较	H11:	管制制度与规范制度对国有与民营企业具有不同的调节作用，管制制度在国有企业使命陈述对利益相关者关切与社会绩效之间的调节作用更强			不支持	正	显著	支持	不显著	部分支持
	H12:	管制制度与规范制度对国有与民营企业具有不同的调节作用，规范制度在民营企业使命陈述对利益相关者关切作用与社会绩效之间的调节作用更强			支持	正	显著	支持	显著	支持

二、检验结果讨论

（一）企业使命陈述价值观与绩效关系

1. 企业价值观维度探索

无论传统观点还是动态的可持续组织观，学者都将企业核心价值作为企业经济成长与可持续发展的中心和一切战略的出发点，成为企业治理和满足内外利益相关者关系管理的基础（M. A. Rodriguez, J. E. Ricart & P. Sanchez, 2002）。目前国内外文献有关企业价值观的研究分析尚不多见，国外学者对企业价值方面的研究主要分析企业使命的构成要素维度，各类观点将企业价值观看作使命陈述表达企业价值理念的主要构成维度之一，如 David（1989）认为企业使命包括 9 种要素，Bart（1991）认为有 25 种要素，都将企业价值观列于其中，作为企业道德价值的一个基础。而在实际应用中，企业价值观作为企业最基本素质，具体包括哪些方面的因素，国内外学者均没有详细的揭示。本研究通过质性研究方法，对样本企业的使命陈述价值观要素进行语义分析与编码，得到 15 个企业价值观测量项目，通过探索性因子分析，成功提取了 5 个主要因子，占总体的 65.44%。我们将其归纳为"社会道义"、"道德素质"、"价值行为" 3 个类别。这 3 个类别因子得分均在 0.5 以上，因子载荷均在 0.7 以上，信度和效度分析均有效，反映了我国企业价值观主要构成的维度。社会道义包括"企业公民"、"关爱社会"、"生态意识"等词语表达；道德素质包括"正直"、"诚信"、"守法律己"、"以人为本"、"和谐共赢"；行为价值包括"创新"、"卓越"、"勤俭节约"、"资源效益"。这 3 个维度代表了我国企业是由当前制度环境塑造的企业哲学或价值观。这些价值观维度是将企业凝聚在一起的精神支柱和沟通与外部环境关系的桥梁纽带，传递着企业对周围环境存有的敬意，与企业利益相关者诚实与合作的行为标准和创新、创业为企业创造卓越绩效的价值追求。

2. 价值观与绩效关系

本研究将通过质性研究和探索性因子分析成功获得的企业价值观三个维度作为企业价值观的测量变量，分别与企业的经济绩效和社会绩效进行回归关系分析，来验证提出的企业使命陈述价值观与绩效关系。

本研究将绩效分为社会绩效和经济绩效两种形式。作为因变量，自变量是使命陈述对利益相关者的关切。但回归分析验证结果没有支持本研究预设的假设。模型设定显著有效，测量变量对因变量的揭示程度明显增强。企业使命陈述价值观的社会道义、道德素质、价值行为三个测量变量，对企业绩效的关系模型设定提供了支持，验证结果的正向系数支持了研究设定的企业价值观对企业社会绩效具有正向影响，但系数显著性不足。研究结果对于使命陈述价值观对财务绩效具有正向影响没有获得支持。这一结论与以往的研究发现具有相似性。以往的研究同样发现，企业价值观要素对企业的财务绩效没有显著影响（Bart & Baet, 1998；Shao & Liu, 2009）。尽管 Bart 等学者所做的研究是直接从使命陈述的 25 种要素或 9 种要素成分对企业财务绩效的比较分析，而并非如本研究将价值观内容进行归类，特别是有些研究发现直接采用 9 种要素的哑变量单独测量企业的价值观内容维度与企业财务绩效的关系，但结果同样显示出对企业财务绩效均没有显著影响（Bart, 1998；Shao & Liu, 2009）。本研究从模型设定上存在有效性，并且揭示程度增加，系数呈正向，说明通过价值观归类分析的理论逻辑的合理性。而实证测量结果的不显著说明，企业的价值观各维度对企业绩效的作用机制并无直接关系，而是通过一定媒介来发挥作用。另外，企业的使命陈述作为指导企业战略的工具，价值观是企业的凝聚力核心，同时也具有向周围环境的利益相关者传递企业价值的信念的沟通功能，以表达企业的身份（或素质）和独特性。

从制度合法性视角来看，企业通过使命陈述向利益相关者传递企业的价值体系，主要是为表达企业对外部共享的价值系统的遵循。制度理论认为，企业使命的重要作用在于使命与其所在的制度环境的运行机制的契合（Ruef & Scott，1998）。企业使命的价值观是企业重要的认知系统组成部分。企业从最初的经济价值创造发展为为整个社会增进福利，利益相关者的价值需求和社会共享的价值理念影响着企业的价值体系。企业在这样一种制度环境中建构的价值观融合进社会共享的价值理念，使企业表达对社会道义遵从，具有更多的正面的道德素质要素成分和积极的价值行为，社会成员就会认为这样的组织具有正面评价的素质合法性（Suchman，1995）。这种素质合法性形成企业的道德合法性，为组织的存在提供了合理基础。然而，道德合法性并不依赖于行为是否对评估者有利，而仅是对行为"是否做正确的事"的判定，这种判定是受众（或利益相关者）按照社会价值体系界定的对企业行为是否增进了社会福利的信念。Mayer & Rowan（1977）指出："组织融合进更多的外部认可的要素成分，使组织更多依赖制度环境提供的稳定性，从而保持组织的生存。""制度合法性往往与经济绩效相反，降低组织效率"（Mayer & Rowan，1977；Scott，1995）。

　　然而，企业过度渲染道德素质的无尽高尚会与实际行动产生较大差别。企业仅以语言表达道德素质的丰富性，而在行动上就会无法形成匹配的行动，会使外界感到虚伪的犬儒主义。企业为满足外界需求，不断调整战略导致企业战略活动偏离原有的轨迹，企业战略方向受到干扰并产生混乱和模糊，甚至发生转型。当企业的行为与制度环境要求无法契合，即使已经获得的合法性也会很快消失。因此，使命陈述的价值观体系制定应当恰当合理，既能指导企业的行动，又使外界感到企业是具有诚实和值得信赖的合作组织，并且言如其行，是真正有"德行"的企业，而并非仅以虚伪的符号来获得合法性的投机行为，这样的企业才能够获得持久的合法性支持。恰当的使命陈述的价值观既具有与制度环境相契合的价值体系，也具有指导企业行动的清晰性和有效性，企业的使命陈述价值观还会表现出与绩效的显著关系。这就需要企业慎重的制定企业的使命陈述，使价值与战略相护协同。

（二）企业使命陈述对利益相关者关切与绩效关系

本项研究将使命陈述对利益相关者关切分类为对内部利益相关者关切（a）和外部利益相关者关切（b）两部分，并假设使命陈述对利益相关者关切可提高企业的社会绩效和经济绩效。

研究结果显示，经济绩效对使命陈述的两类利益相关者回归分析结果均没有得到支持，而社会绩效对内部利益相关者回归结果显著，而对外部利益相关者回归分析结果不显著。这说明企业对内部利益相关者越关切，企业的社会绩效越高，而对外部利益相关者的关切没有形成显著社会绩效。这一结果表明，企业使命陈述对内部股东和员工利益相关者关切能够体现在实际行动上，股东和员工的作用更会影响企业对利益相关者的管理活动投入，而对顾客、伙伴、社区与环境外部利益相关者的管理仅停留在语言的表达层面，在行动上缺乏促动激励机制。这一结论与 Bartkus & Glasman（2007）的研究结论既相同，也存在差别。Bartkus & Glasman（2007）基于 2001 年财富 500 强中的前 100 强资料，比较了有使命陈述对利益相关者关切与没有使命陈述对利益相关者关切在 KLD 指数中对这些利益相关者的管理活动评估，Pearson－t 检验测量没有发现期间的差别，Bartkus & Glasman（2007）把它归结于制度环境的作用——企业使命陈述对利益相关者的关切，仅是为获得利益相关者的合法性支持，但这一推测并没有从制度合法性视角进行验证，也没有分析其间作用机制。本研究从使命陈述对利益相关者的关切对企业社会绩效进行关系回归分析，模型设定具有有效的显著性，且内部利益相关者要素关切对企业社会绩效具有明显增进变异揭示程度。这进一步揭示了内部员工和投资者对企业具有直接的重要影响，企业的行动具有进一步增强的可能作用机制。而对外部利益相关者关切没有形成显著绩效，但模型设定有效，揭示变异程度增强，仅存在系数不显著，证明企业通过使命陈述表达对外部对利益相关者关切能够获得维持企业的合法性，在缺乏进一步压力的情况下，企业没有必要投入更大的成本来改进与外部利益相关者的关系以维持合法性。

（三）企业使命陈述价值观与对利益相关者关切关系

企业使命陈述价值观会正向影响利益相关者关注切的回归分析结果获得了全部支持。这一结果从实证角度证明，企业的价值体系指导着企业对利益相关者的管理活动，在使命陈述中表达具有较高价值追求的企业，会在使命陈述中同样表达对内部和外部利益相关者的关切，通过对利益相关者的战略管理来提高企业的社会绩效。

目前有关企业使命的研究并没有从要素间关系来揭示使命陈述制定过程的内在逻辑，而大部分关于企业价值体系与利益相关者的关系研究是从社会制度理论的认知合法性视角的分析（Mayer & Rowan，1977；Dimaggio & Powell，1983；Ruef & Scott，1998）。从制度视角，企业使命陈述与外部环境的逻辑的一致性成为企业成功的关键。企业与制度环境趋同的最重要方面是使用语言的演化、符号和结构以及企业的目标、程序和政策，这些用来描述企业目标、程序和政策的词汇与解释行为动机的词汇相类似，用来描述对一类行为的性质和对象相关联，这种一致性使外部感受到组织的行为逻辑是一个整体，并与外部制度环境相统一。语言上的趋同是企业获得环境认可并提供合法性的依据。这样企业会采用被外部环境或利益相关者认可的形式或标准来定义组织构成要素的价值。由于组织融合进更多的外部认可的要素成分，使组织更多依赖制度环境提供的稳定性，从而保持企业的生存（Mayer & Rowan，1977）。因此，制度环境塑造着企业的价值观标准，和对企业利益相关者的行动（Mayer & Rowan，1977）。而没有接受企业外部环境的价值体系，就会威胁到企业的生存和持续存在的理由。本研究从实证视角验证了企业使命陈述的价值观与对利益相关者关切之间内在逻辑关系，从中国的数据为制度理论与企业绩效关系的分析提供了企业内在制度层面的实证支持。

从总体来看，企业使命陈述对企业经济绩效的关系并不显著。Bart & Baetz（1998）认为，使命陈述对企业财务绩效的影响并非如初中设计规划的那样，有一些作为中介要素存在，比如，对使命的承诺，组织与内部结构、政策、程序与使命协同一致的程度等都被发现是对员工行为正相关的因素。这些变量都会直接影响财务绩效的关系。事实上，使命陈述作为管理工具是所有企业重要战略的企业点，是对组织成员实现共同目标的激励。而企业使命陈述的价值观对内部利益相关者关切之间存在着显著正向影响，企业的价值观，又正向影响着企业的社会绩效。说明企业的使命和责任行为之间存在着必然联系，企业的使命价值观对利益相关者越关切，企业的社会行动体现在社会绩效成就越高。而当前背景下企业使命陈述的价值观与经济绩效之间虽呈正向关系，却并不显著；企业使命陈述对外部利益相关者的关切也呈正向关系，但并不显著，说明在此之间存在着奇特的中介因素或调解因素，影响着使命作用的发挥。

（四）企业经济绩效与社会绩效关系

本项研究从绩效间关系视角，分析了企业上年经济绩效对社会绩效的影响，并测量了企业社会绩效对次年经济绩效的作用。研究结果支持了企业上年经济绩效会影响企业的社会绩效，而企业的社会绩效对次年的经济绩效的正向影响假设没有获得支持，结果显示出企业社会绩效会降低企业次年经济绩效的作用，但并不显著。Campbell（2006）认为，企业在经历不良经济状况，或盈利环境较差时，都不太可能履行社会责任。本研究应用的企业社会绩效指标——中国社会科学院社会责任指数报告显示，中国 100 强企业社会责任指数在 2009 年的平均值为 20.2，而到 2010 年披露的指数均值下降为 19.8 分，而 2010 年中国经济总量已经排在世界第二位，创造社会财富的中国企业并没有形成较高的社会责任水平，而且带有下降趋势。有关中国企业社会责任的研究指出，国内企业履行社会责任往往受到企业声誉和社会资本的利益驱动，而并没有真正从价值理念上塑造企业的社会责任行动。企业在社会绩效与经济绩效之间没有建立起良性的互动支持。企业在较低的社会责任水平能够创造出较高的社会总体财富，企业过于追求经济绩效，而忽视了企业社会绩效的创造，即企业表现出社会责任行动，也往往是出于市场营销的广告效应（李敬强，刘凤军，2009），甚至是声誉投机（山立威，甘梨，郑涛，2008；葛建华，王立平，2010）。

Wood（1991）指出："如果企业需要社会合法性才能生存，那么能否生存的调查就需要解析二者差别，如果严重冒犯社会成员的企业仍能够生存，那么就会涉及社会制度与道德环境的因素。"企业能够以较低的社会绩效创造较高的经济绩效，表明企业的制度环境为企业的存在提供了较低的合法性要求。企业的利益相关者并没有发挥提供合法性的作用机制，当企业利益相关者权益受到侵害时，缺乏要求企业承担法律责任的强制制度（刘峰，钟瑞庆，金天，2007）。而企业制度环境形成的合法性模仿机制导致企业采取观察周围环境中其他企业存在的形式，以及遭遇合法性危机时的处理方式，一旦企业能够采取最低成本获得最大利基的行动获得成功，这种模仿会形成企业对合法性行动的新的理解和认知，并迅速在域内扩散。学者往往从企业正面的道德素质来塑造企业的合法性，但在一个利益相关者无法发挥评估作用和履行有效制裁手段的制度环境中，负面的行为往往会成为一种合法性的主导机制，从而在实际的社会关系治理中替代正面合法性，使负面的价值成为企业对合法性的理解和追求。这将导致制度环境越来越偏离正义与公平，使评估正当的价值行为产生与真正有意义的价值的背离，从而导致制度环境总体对增进社会总体福利的含义的曲解，扭曲对社会绩效的认知，这种制度环境无疑对塑造企业的价值追求产生误导。使企业一方面在语言上表现出高尚的道德价值观追求，另一方面却陷入实际环境治理关系上的败德，从而导致企业社会绩效与经济绩效之间产生无法衔接的关联，甚至对抗。

（五）管制与规范制度对企业使命陈述对利益相关者关切与绩效关系

回归分析结果发现，国家政策和规范制度在企业社会绩效形成上具有直接的显著作用。管制与规范制度对使命陈述利益相关者关切与绩效关系具有较强的调节作用。但两者对内部利益相关者和绩效关系的作用获得支持，而在外部利益相关者关切和绩效关系上的调节作用不显著，研究假设没有获得支持。管制与规范的双重调节作用在内部利益相关者关切与社会绩效关系上反而不显著，没有支持本研究的假设。管制与规范制度在使命陈述对外部利益相关者关切与社会绩效关系调节上具有正向影响，但不显著，部分支持了本研究假设。

从制度视角来看，Campbell（2006）认为，建立在企业、政府和利益相关者协商一致基础上的国家法令和实施能力，能够有效促进企业履行社会责任，特别是强有力的监督和执行手段，增强了企业的制度压力，企业为获得管理合法性，就会采取遵从制度要求的行动。而非政府组织和独立的监督体系通过提供标准和规范来提供企业技术上的合理性，使企业在时尚上的行为更趋合理和更有意义，企业为获得这类技术合法性通过参与行业联盟或协会，遵守联盟和协会所要求的标准行动，会降低风险，提高企业成功的可能（Bansal & Gao，2006）。因此，两种制度形式为企业提供的管理合法性和技术合法性共同治理和协调着与周围利益相关者的关系。然而，当政策不是建立在协商的基础之上，没有反映利益相关者的诉求，或者政府强制政策对企业的管制措施不当都将降低制度执行力。如果管制制度与企业现行遵从的标准和规范产生模糊和对抗，及管理合法性和技术合法性的不协调导致企业无法从模糊的制度信号中获得明确的合法性指引，就会以静止行为来观察，这将导致企业责任行动的停滞甚至倒退。本研究的实证结果验证了规范性制度在促进企业对内部利益相关者关切与社会绩效中的作用。但当引入政策管制时，反而产生了负向效应，说明当前管理我国企业的管制政策和标准规范之间存在模糊之处。

三、国有与民营企业比较分析

从对国有与民营企业不同制度环境的分析结果表明，国有与民营企业的测量结果与总体样本结果接近，并完全支持本研究设定的18项假设在总体测量结果上的结论。说明本研究的结论具有可靠的信度和复合效度。国有企业与民营企业在制度环境上没有更大差别，原假设设定的国有企业会更多受到管制性对利益相关者关切与社会绩效的作用的假设没有获得支持，而民营企业更多受市场规范性制度调节的假设获得支持。国有企业与民营企业同样，在使命陈述对利益相关者关切与社会绩效关系上，规范性制度发挥了更大的作用。

从制度视角来看，规范系统是由机构和专家组织通过协商核研究设定的一系列的标准和规范系统，通过对行为者流程、结构和结果的评估，以公众认可的认证方式使行为者获得合法性，从而获得广泛的支持，减少对行为的不必要解释。企业通过参与非政府组织成员机构（如全球企业社会责任 GRI、道琼斯社会责任体系等），通过遵守这些组织的行为规范来获得在全球范围的经营许可，会增强企业与其他同行的差异化程度，进而获得竞争优势。在这规范性制度层面上，实证研究发现国有与民营企业更青睐于从市场渠道获得的合法性支持，而政府的政策管制性制度并没有发挥作用。本研究从实际的数据收集过程中发现，国家政策在对企业社会责任的管理上存在制度缺失，企业感知到的国家政策仅有两个，即一个是2007 年深圳证券交易所对深圳上市公司要求披露企业社会责任的文件，另一个是国资委针对中央企业承担社会责任的要求，而这两份文件仅提出了要求，并没有制定监督执行的实施机制。North（2003）认为，制度结构包括正式与非正式约束，对制度的实施机制是制度的重要组成部分，缺乏监督实施机制的制度形同虚设，无法对行为人发挥有效的治理约束。在中国境内，既存在着占经济主导地位的国有企业，也存在繁荣市场经济的民营企业大军，单纯依赖于市场机制在发育不完善的制度环境中运行，难免使企业产生投机行为。而缺乏有效制度监督机制的政府政策更无法在非资本管制范围内发挥作用，这就亟待建立和完善市场监督体系，形成对企业与利益相关者之间良性互动的治理关系。

四、研究结论

本项研究描述了中国 100 强企业的使命陈述与绩效的关系，探索了使命陈述价值观维度，并测量了使命陈述价值观和利益相关者关切与企业社会绩效和经济绩效的关系，以及政府管制政策和非政府组织的规范标准在使命陈述对利益相关者关切与社会绩效形成上重要作用。基于国内外学者在上述领域的研究成果和理论分析，本研究阐述了制度环境在塑造企业价值和社会责任行动的作用机制，提出了企业从使命陈述到社会绩效的实现路径，并建构了研究的框架和关系假设。从以往研究文献国内外学者在指标测量和研究方法上的分析归纳，本研究以样本企业档案和媒体获得的二手资料为基础，制订了对上述假设关系的直接测量指标及其实现方式，并进行了对假设的验证。通过对比国内外学者的研究结果和研究方法，本研究对研究结果进行了讨论和分析，以进一步解析企业从使命陈述到社会绩效实现过程价值、行为战略和绩效的关系以及制度在这一过程发挥的重要调节因素。本项研究基于制度理论，将企业使命陈述的价值观作为一种响应外部环境制度要求为合法性目的的战略反应，对管理合法性的需求使企业必须遵从行政政策管制。为获得市场上的技术合法性，企业必须遵从标准规范，管制制度和规范制度，通过提供管理和技术合法性共同治理企业在社会上的经营行为，进而影响企业的社会绩效。基于获得的样本数据，本研究对有关使命陈述与绩效关系设定的假设进行了测量，结果揭示了中国情境下企业使命陈述价值观与对利益相关者关切两个作用功能模块对企业经济绩效与社会绩效之间的影响，以及管制和规范制度在对利益相关者关切与社会绩效间的调节作用。

本研究的结论和发现主要包括以下几个方面：

（一）中国境内经营的企业在使命陈述中对价值观的描述涉略"社会道义"、"价值行为"和"道德素养"三个维度；

（二）使命陈述价值观三个维度对企业的经济绩效具有负向影响，但不显著，没有支持原假设提出的企业使命价值观对企业经济绩效具有正向影响的假设。表明企业使命陈述对价值观包含的要素越多，企业的经济绩效却并不好。从制度视角，企业为追求较多的制度合法性，融入环境共享价值越多，反而会降低企业的经济效益。

（三）使命陈述对内部利益相关者的关切对企业经济绩效具有负向影响，但不显著，没有支持原假设提出的企业使命陈述对内部利益相关者关切与企业经济绩效具有正向关系的假设。表明企业为获得合法性在使命陈述中涉略越多的内部利益相关者要素（股东、员工或管理者），反而会降低企业经济绩效。

（四）使命陈述对外部利益相关者的关切对企业经济绩效具有正向影响，但不显著（0.012），没有支持原假设提出的企业使命陈述对外部利益相关者关切与企业经济绩效具有正向关系的假设。表明企业为获得合法性在使命陈述中涉略越多的外部利益相关者要素（顾客、伙伴或供应商、社会与环境），会提高企业经济绩效。

Mayer & Rowan（1977）指出："组织融合进更多的外部认可的要素成分，使组织更多依赖制度环境提供的稳定性，从而保持组织的生存。""制度合法性往往与经济绩效相反，降低组织效率"（Mayer & Rowan，1977；Scott，1995）。

（五）使命陈述价值观三个维度对企业社会绩效具有正向影响，但不显著，没有支持原假设提出的企业使命价值观对企业社会绩效具有正向影响的假设。表明企业使命陈述价值观要素包含程度与企业社会绩效呈正比，但对提高社会绩效水平尚未达到显著效果，只有道德素养在显著性临界值边界。

（六）使命陈述价值观三个维度对使命陈述内部利益相关者具有显著正向影响，支持原假设提出的企业使命价值观对使命陈述内部利益相关者具有正向影响的假设。表明企业使命陈述价值观要素包含程度与企业使命陈述对内部利益相关者关注程度呈正比。

（七）使命陈述价值观三个维度对使命陈述外部利益相关者具有显著正向影响，支持原假设提出的企业使命价值观对使命陈述外部利益相关者具有正向影响的假设。表明企业使命陈述价值观要素包含程度与企业使命陈述对外部利益相关者关注程度呈正比。

使命陈述对内部利益相关者的关切对企业社会绩效具有显著正向影响，支持原假设提出的企业使命陈述对内部利益相关者关切与企业社会绩效具有正向关系的假设。表明企业为获得合法性在使命陈述中涉略越多的内部利益相关者要素（股东、员工或管理者），企业社会绩效越高。

（八）使命陈述对外部利益相关者的关切对企业社会绩效具有正向影响，但不显著，没有支持原假设提出的企业使命陈述对外部利益相关者关切与企业社会绩效具有正向关系的假设。表明企业为获得合法性在使命陈述中涉略越多的外部利益相关者要素（股东、员工或管理者），未能显著提高企业社会绩效。

制度理论认为，企业使命的重要作用在于使命与其所在的制度环境的运行机制的契合（Ruef & Scott，1998）。利益相关者的价值需求和社会共享的价值理念影响着企业的价值体系。企业在这样一种制度环境中建构的价值观融合进社会共享的价值理念，表达对社会道义遵从，具有更多的正面的道德素养和积极的价值行为，社会成员就会认为这样的组织具有正面评价的素质合法性（Suchman，1995）。这种素质合法性形成企业的道德合法性，为组织的存在提供了存在合理性基础。道德合法性并不依赖于行为是否对评估者有利，而是对行为"是否做正确的事"的判定，这种判定是受众（或利益相关者）按照社会价值体系界定的对企业行为是否增进了社会福利的信念。然而，企业过度渲染道德素养的无尽高尚会与实际行动产生较大差别。企业仅以语言表达道德素养的丰富性，而资源的有限性和战略资源配置的混乱导致的低效率使企业在行动上无法形成与使命匹配的行动，使外界感到虚伪的犬儒主义。企业在非前摄战略时期（反应、防御和适应战略阶段），能够从使命陈述的语言符号上获得合法性，既能保持存在的合理性，在缺乏进一步驱动（经济或制度）情况下，也不会采取进一步成本投入来提高合法性。

（十）企业上年经济绩效与企业社会绩效呈正向显著关系，支持原假设提出的企业经济绩效会正向影响企业社会绩效的假设。表明企业以往的经济状况越好，社会绩效水平越高。

（十一）企业社会绩效与企业次年经济呈负向关系，但不显著，没有支持原假设提出的企业社会绩效会正向影响企业经济绩效的假设。表明履行社会责任并未能提高经济绩效，社会绩效水平越高经济绩效反而会降低。

在当前形势下，中国境内企业尚未能从履行社会责任的活动中获得经济绩效提升，企业社会活动的支出来自于经济能力，而社会绩效表现越高，反而会降低企业经济绩效。经济与社会活动互动中缺乏经济激励在期间发挥的作用，企业行为是出于社会环境要求，制度约束在其中发挥作用。

（十二）管制性与规范性制度会显著正向影响企业社会绩效。企业感知管制性制度要素越多，企业的社会绩效越高；企业感知的规范性制度越多，社会绩效越高。

（十三）管制对企业使命陈述对内部利益相关者关切（一次交互）与社会绩效之间具有显著正向调节效应；而对外部利益相关者关切（一次交互）与社会绩效之间关系具有正向调节作用，虽然系数不显著，但F值显著，R^2改变增强，说明管制与规范制度存在调节效应；支持了假设H8。

（十四）规范制度对企业使命陈述对内部利益相关者关切（一次交互）与社会绩效之间具有显著正向调节效应；对外部利益相关者关切（一次交互）与社会绩效之间关系具有正向调节作用，虽然系数不显著，但F值显著，R^2改变增强，说明期间仍存在调节效应；支持了假设 H9。

结果进一步证明管制制度与规范制度是企业实现社会绩效的重要驱动，在缺乏经济绩效作用下，制度要素在期间发挥了重要作用。

（十五）管制制度与规范制度对内部利益相关者与社会绩效关系的共同作用（二次交互）呈负向，但并不显著；对外部利益相关者与社会绩效关系的共同作用（二次交互）呈显著正向。

两种制度在使命对内部利益相关者与社会绩效之间具有反作用的倾向，对外部利益相关者与绩效之间具有显著正向效应。说明两种制度在协调内部利益相关者问题上较差，而在对外部利益相关者问题的作用中比较协调。

制度内部结构上的模糊和内容上的抵触导致企业缺乏明确行动导引，企业会以停滞行动来观望合法的行动方式，因而制度不协调会降低参与者行动的效率。

（十六）国有与民营企业同样受到两种制度的协调，管制制度与规范制度在国有企业使命陈述与社会绩效关系调节中都发挥了显著作用。管制制度并没有比规范制度发挥较强作用；民营企业规范作用较强，管制制度较弱。假设 11 没有得到支持，假设 12 得到支持。

这说明管理合法性和技术合法性对国有企业同样重要，而民营企业更多从市场上获得技术合法性来寻求稳定性。

本项研究认为，制度合法性是企业价值、行为战略与绩效关系的重要引导工具。管制制度和规范制度共同形成了企业的管理合法性与技术合法性来源，并塑造着企业的价值观，使企业保持与外部环境的价值体系相一致，从而在认知上具有合法性的价值基础，这种认知价值的产生形成了企业与利益相关者关系治理的原则，也成为企业社会绩效的基础。企业在外部制度环境压力下，从内部的价值认知建构对制度环境提出的素质要求，通过认知价值影响企业对利益相关者的行为战略（识别重要的利益相关者并配置企业的战略资源），从而创造企业的绩效。当制度环境对合法性要求较高时，企业为降低压力会采取获得合法性需求的行动，对利益相关者的行为从使命陈述的要素关切会转化为具体的行动，而在企业感知到的合法性要求较低时，企业仅停留在使命陈述的语言表达上，在没有直接经济效益触动下，企业不会产生进一步的成本付出，建构新的社会绩效。本研究中企业对外部利益相关者关切并没有进一步形成显著社会绩效和经济绩效，表明企业感知的制度环境压力对于合法性的需求足以维持企业的存在，因而企业的行动仅停留在语言表述即可获得生存与发展的资源。本研究对管制、规范和制度的双重调节作用证明，在这两种制度的共同作用下，企业对内部利益相关者的关切与社会绩效反而受到抑制，而对外部利益相关者的关切与绩效关系有所改进。特别是规范制度在市场领域发挥了较大的作用，国有与民营企业均从规范管理上增进了社会绩效。

本项研究的理论贡献或创新体现在以下几个方面：

第一，识别了在中国制度背景条件下，企业的社会道义、道德素养和行为价值三个价值观维度，拓展了制度理论认知支柱在企业可持续发展战略上的理论框架并提供了实证支持。这三个维度是企业在全球可持续发展以及中国企业"走出去"发展战略背景下，政府政策和国际规范对企业使命陈述的要求作出的响应，从实证上支持了企业为获得合法性必须保持价值体系与外部制度环境要求相一致的制度理论假设（Mayer & Rowan，1977；Dimaggio & Powell，1983）[3,①]。证明了企业使命的制度化含义。

第二，本项研究从使命陈述的价值观和利益相关者两个功能模块的工具性作用对企业的社会绩效和经济绩效之间的关系进行了实证分析。建立了使命与绩效之间关系的直接测量路径，从制度视角厘清了以往研究使命陈述与绩效间关系的模糊性。此前的研究基本上是对使命陈述的内容和要素合理性进行的比较分析和相关分析，

---

① Paul DiMaggio and Walter Powell，1983. The Iron Cage Revisited：Institutional Isomorphism and Collective Rationality in Organizational Fields. American Sociological Review. Vol. 42 No. 2. 147—160.

研究方法局限于拥有使命陈述的要素成分（David，1989；Bart，1997）和结构（Baeze& Bart；1997）差别的对比与相关性测量，并没有建立起使命陈述要素与企业绩效的直接关系（Bart，1998；Bartkus et al.，2006；2007）。

第三，揭示了企业使命陈述价值观和利益相关者要素之间的作用机制，揭示了使命陈述功能模块之间的内在联系——从企业使命陈述价值观对利益相关者要素的关切之间的直接效应证明，企业使命陈述价值观的三个维度会直接影响企业使命陈述对内部和外部利益相关者的关切。验证了企业价值体系是企业对利益相关者行为的背后支撑这一理念（Scott，1995）。

第四，增加了企业社会绩效作为企业绩效的测量范畴，扩展了企业使命作为战略管理工具的实际意义。Bartkus（2007）引入KLD指数，主要测量使命陈述对利益相关者关注在实际行动中的结果，采取使命陈述包括对利益相关者和没有包括利益相关者涉略在 KLD 内容和行动上的差别，以证明使命陈述是企业为满足合法性需求而采取的对利益相关者关切，是获取合法性的工具。但并没有把社会绩效引入使命与绩效关系测量。

第五，提出了制度环境在使命陈述与绩效关系之间的调节作用，并从实证测量中得到验证。Bartkus（2007）虽然提出了使命陈述的合法性工具意义，但并没有从制度视角证明制度合法性在其间的作用机制。本研究从企业价值观和对利益相关者关切的两种企业价值追求所体现的企业认知制度对企业社会绩效和经济绩效的直接效应测量，以及管制与规范制度对社会绩效的直接效应和在使命陈述与绩效之间的调节测量，揭示了制度在使命与绩效关系上的作用机制。

第六，本项研究检验了中国情境下，管制制度和规范制度（政府管制与非政府标准规范）在国有与民营企业中的直接作用以及在使命陈述对利益相关者关切和社会绩效之间关系的调节作用。揭示了管制与规范制度在不同所有权结构之间发挥的作用，反映出国有企业和民营企业制度环境的差别导致两种所有权结构企业从管理和技术不同的合法性层面寻求稳定性。而管制和规范制度的交互作用反向或降低使命与企业社会绩效间的作用，体现了制度不协调所产生的负向作用。

本项研究对也对当前企业的管理实践具有重要启示意义。

首先，企业要制定高质量的使命陈述来指导企业的战略。企业使命陈述作为企业重要管理工具，并没有发挥出其在管理中的作用。很多企业的使命陈述制定十分简单，仅有十几个字，是一种凝聚企业精神的符号，缺乏使命陈述的战略含义，更没有建构完善的企业价值体系。企业使命陈述的价值观是指导和纠正企业战略的重要原则，对企业可持续发展战略建构和管理具有重要意义。企业应根据社会总体制度环境要求和行业特征以及企业自身的战略目标来建构价值理念，指导管理者和员工的行为，以建构企业与周围利益相关者的关系，从而提高企业的合法性和可持续发展绩效。

其次，建构和完善社会总体的道义和道德伦理体系，为企业的可持续发展创造良好的社会文化和价值认知基础。企业的合法性来自企业对周围制度环境的遵从和模仿，社会整体的道义和道德伦理体系塑造着企业的价值观和行为方式。当企业周围环境普遍存在着不正当的竞争行为和道德伦理观念，企业的行为价值也会受到贬抑，而良好的社会道德风尚会约束企业的投机行为，使遵从社会道义与道德伦理成为普遍的竞争方式，这样才有助于企业提高对利益相关者的伦理标准，促成其价值体系建构。

最后，加强和完善制度管理体系的监督和实施机制，保证企业可持续发展社会绩效的长期性和持久性。本研究发现，企业的认知体系和外部管制与规范对企业绩效提高均具有不同程度的影响，然而缺乏实施监督机制和经济激励，导致企业的社会绩效难以进一步深化，对于持久保持对利益相关者的关系管理，更缺乏触动行动的措施。这就需要加强和完善对企业可持续发展行为的制度的监督和实施机制，使企业在增强对利益相关者责任的同时获得必要的奖励，而在侵害利益相关者权益时受到相应的惩罚，使企业的经营活动运行在正当的社会制度环境体系内。

五、研究局限及未来需拓展的问题

尽管本项研究获得了上述有意义的发现和理论延伸成果，但在研究过程中仍存在诸多不足，主要体现在：

1. 样本量过小，无法通过结构方程模型对模型的整体结构的合理性进行验证。本项研究的数据资料来自中国社会科学院2009－2010年发布的企业社会责任指数报告，样本量仅包括国有、民营和外资企业的100强300家企业。而这300家企业中有将近三分之一的企业没有在网站公开披露企业的使命陈述。本研究最后获得的有效样本仅为210家企业。这一规模在测量变量关系时存在样本量不足问题，无法提供对整体结构的效度检验。

2. 外资企业数据缺乏，无法全面衡量所有权结构上的差别。由于外资企业在中国境内缺乏在企业社会责任管理上的政策性管制，因此外资企业在中国境内的经营资料很难在网络和其他媒体中获得。外资企业所采取的对社会责任的理解和母公司政策与中国社会科学院的评估之间产生对标差别，这导致对外资企业社会绩效和经济绩效上的测量存在缺省值问题。外资企业的网站特别是欧美企业，更多的是对产品的介绍和宣传，其目的很明确表达出向中国市场输送产品，其在全球的声誉并不需要在中国建构更多合法性，即可以保证生存的需要。

3. 截面数据，有待时间序列的验证。由于中国社会科学院公布的数据资料仅有2年资料，故无法深入揭示为什么企业在创造较高社会经济总量时，企业的总体社会责任反而下降问题。这一问题的揭示有待于数据资料的丰富，从时间序列做进一步深入分析。

附　　件

内容信度与效度检验

案例处理摘要						
	卡方检验			对称度量		
	Pearson 卡方值	显著性 Sig.	最小期望计数	一致性度量 Kappa 值	近似值 T	近似值 Sig.
	仅对 2 * 2 表	双侧	0 单元格的期望计数少于 5	假定零假设	渐进标准误差假定零假设	基于正近似值
国家 * 10 国家	53.768 * * *	0.000	16.120	0.841	7.333	0.000
国家 * 10 顾客	2.917	0.088	11.510	−0.179	−1.708	0.088
国家 * 10 员工	2.815	0.093	9.210	0.163	1.678	0.093
国家 * 10 股东	4.972	0.026	15.200	0.255	2.230	0.026
国家 * 10 伙伴	2.948	0.084	8.750	0.178	1.727	0.084
国家 * 10 社会	1.020	0.312	7.830	0.092	1.010	0.312
国家 * 10 环境	1.413	0.235	16.580	0.135	1.189	0.235
国家 * 10 技术	0.018	0.894	8.750	0.014	0.133	0.894
国家 * 10 产品与服务	1.570	0.210	13.360	0.142	1.253	0.210
国家 * 10 安全	1.245	0.264	16.580	0.128	1.116	0.264
顾客 * 10 国家	2.129	0.145	11.050	−0.151	−1.459	0.145

	卡方检验			对称度量		
案例处理摘要						
	Pearson 卡方值	显著性 Sig.	最小期望计数	一致性度量 Kappa 值	近似值 T	近似值 Sig.
	仅对 2*2 表	双侧	0 单元格的期望计数少于 5	假定零假设	渐进标准误差假定零假设	基于正近似值
顾客 * 10 顾客	47.381***	0.000	7.890	0.789	6.883	0.000
顾客 * 10 员工	6.891**	0.009	6.320	0.299	2.625	0.009
顾客 * 10 股东	1.453	0.228	10.420	0.122	1.205	0.228
顾客 * 10 伙伴	1.299	0.254	6.000	0.089	1.140	0.254
顾客 * 10 社会	0.140	0.708	5.370	0.042	0.374	0.708
顾客 * 10 环境	0.033	0.856	11.370	−0.020	−0.180	0.856
顾客 * 10 技术	0.000	1.000	6.000	0.000	0.000	1.000
顾客 * 10 产品与服务	0.876	0.349	9.160	−0.089	−0.936	0.349
顾客 * 10 安全	1.370	0.242	11.370	0.122	1.171	0.242
员工 * 10 国家	1.335	0.248	9.210	0.112	1.155	0.248
员工 * 10 顾客	6.008*	0.014	6.580	0.278	2.451	0.014
员工 * 10 员工	66.000***	0.000	5.260	0.932	8.126	0.000
员工 * 10 股东	8.924**	0.003	8.680	0.282	2.987	0.003
员工 * 10 伙伴	5.790**	0.016	5.000	0.170	2.406	0.016
员工 * 10 社会	2.494	0.114	4.470	0.180	1.579	0.114
员工 * 10 环境	1.737	0.188	9.470	0.136	1.318	0.188
员工 * 10 技术	0.362	0.547	5.000			

案例处理摘要					
卡方检验			对称度量		
Pearson 卡方值	显著性 Sig.	最小期望计数	一致性度量 Kappa 值	近似值 T	近似值 Sig.
仅对 2*2 表	双侧	0 单元格的期望计数少于 5	假定零假设	渐进标准误差假定零假设	基于正近似值
员工 * 10 产品与服务	0.039	0.843	7.630	−0.017	−0.198	0.843
员工 * 10 安全	1.666	0.197	9.470	0.127	1.291	0.197
股东 * 10 国家	4.039	0.044	15.660	0.230	2.010	0.044
股东 * 10 顾客	0.338	0.561	11.180	0.060	0.581	0.561
股东 * 10 员工	9.708	0.002	8.950	0.298	3.116	0.002
股东 * 10 股东	57.113***	0.000	14.760	0.867	14.959	0.000
股东 * 10 伙伴	0.639	0.424	8.500	0.083	0.799	0.424
股东 * 10 社会	6.500**	0.011	7.610	0.229	2.550	0.011
股东 * 10 环境	0.261	0.610	16.110	0.058	0.505	0.615
股东 * 10 技术	0.071	0.790	8.500	0.028	0.266	0.790
股东 * 10 产品与服务	2.066	0.151	12.970	0.163	1.437	0.151
股东 * 10 安全	0.766	0.381	16.110	0.100	0.875	0.381
伙伴 * 10 国家	2.984	0.084	8.750	0.178	1.727	0.084
伙伴 * 10 顾客	0.020	0.888	6.250	0.043	0.602	0.547
伙伴 * 10 员工	5.790*	0.016	5.000	0.170	2.406	0.016
伙伴 * 10 股东	2.160	0.142	8.250	0.155	1.470	0.142
伙伴 * 10 伙伴	32.023***	0.000	4.750	0.649	5.659	0.000

续表

案例处理摘要					
	卡方检验			对称度量	
	Pearson 卡方值	显著性 Sig.	最小期望计数	一致性度量 Kappa 值	近似值 T	近似值 Sig.
	仅对 2 * 2 表	双侧	0 单元格的期望计数少于 5	假定零假设	渐进标准误差假定零假设	基于正近似值
伙伴 * 10 社会	0.631	0.427	4.250	0.052	0.795	0.427
伙伴 * 10 环境	1.126	0.289	9.000	0.103	1.061	0.289
伙伴 * 10 技术	3.953*	0.047	4.750	0.228	1.988	0.047
伙伴 * 10 产品与服务	4.182*	0.041	7.250	0.224	2.045	0.041
伙伴 * 10 安全	1.126	0.289	9.000	−0.108	−1.061	0.289
社会 * 10 国家	0.597	0.440	7.370	0.069	0.772	0.440
社会 * 10 顾客	0.195	0.659	5.260	0.048	0.441	0.659
社会 * 10 员工	3.177	0.075	4.210	0.202	1.782	0.075
社会 * 10 股东	7.887**	0.005	6.950	0.242	2.808	0.005
社会 * 10 伙伴	3.800	0.051	4.000	0.122	1.949	0.051
社会 * 10 社会	40.464***	0.000	3.580	0.729	6.361	0.000
社会 * 10 环境	0.641	0.423	7.580	0.077	0.801	0.423
社会 * 10 技术	0.000	1.000	4.000	0.000	0.000	1.000
社会 * 10 产品与服务	0.004	0.951	6.110	0.005	0.060	0.952
社会 * 10 安全	0.056	0.812	7.580	−0.022	−0.234	0.812
环境 * 10 国家	1.413	0.235	16.580	0.135	1.189	0.235
环境 * 10 顾客	0.816	0.366	11.840	−0.099	−0.901	0.368

案例处理摘要					
	卡方检验			对称度量	
	Pearson 卡方值	显著性 Sig.	最小期望计数	一致性度量 Kappa 值	近似值 T	近似值 Sig.
	仅对 2 * 2 表	双侧	0 单元格的期望计数少于 5	假定零假设	渐进标准误差假定零假设	基于正近似值
环境 * 10 员工	1.737	0.188	9.470	0.136	1.318	0.188
环境 * 10 股东	0.086	0.770	15.630	0.033	0.293	0.770
环境 * 10 伙伴	0.281	0.596	9.000	0.051	0.531	0.596
环境 * 10 社会	0.273	0.601	8.050	0.051	0.522	0.601
环境 * 10 环境	60.802***	0.000	17.050	0.894	7.798	0.000
环境 * 10 技术	1.126	0.289	9.000	0.103	1.061	0.289
环境 * 10 产品与服务	3.123	0.077	13.740	0.194	1.767	0.077
环境 * 10 安全	7.755**	0.005	17.050	0.318	2.785	0.005
技术 * 10 国家	0.018	0.894	8.750	0.014	0.133	0.894
技术 * 10 顾客	0.179	0.672	6.250	−0.034	−0.423	0.672
技术 * 10 员工	0.000	1.000	5.000	0.000	0.000	1.000
技术 * 10 股东	0.446	0.504	8.250	−0.070	−0.668	0.504
技术 * 10 伙伴	1.895	0.169	4.750	0.158	1.376	0.169
技术 * 10 社会	0.227	0.634	4.250	−0.031	−0.477	0.634
技术 * 10 环境	0.000	1.000	9.000	0.000	0.000	1.000
技术 * 10 技术	56.164***	0.000	4.750	0.860	14.475	0.000
技术 * 10 产品与服务	13.550***	0.000	7.250	0.403	3.681	0.000

案例处理摘要						
	卡方检验			对称度量		
	Pearson 卡方值	显著性 Sig.	最小期望计数	一致性度量 Kappa 值	近似值 T	近似值 Sig.
	仅对 2 * 2 表	双侧	0 单元格的期望计数少于 5	假定零假设	渐进标准误差假定零假设	基于正近似值
技术 * 10 安全	2.533	0.111	9.000	-0.162	-1.592	0.111
产品服务 * 10 国家	1.058	0.304	13.820	0.117	1.028	0.304
产品服务 * 10 顾客	0.004	0.948	9.870	-0.006	-0.066	0.948
产品服务 * 10 员工	0.347	0.556	7.890	-0.053	-0.589	0.556
产品服务 * 10 股东	0.213	0.645	13.030	0.053	0.461	0.645
产品服务 * 10 伙伴	3.598	0.058	7.500	0.206	1.897	0.058
产品服务 * 10 社会	0.160	0.689	6.710	0.033	0.400	0.689
产品服务 * 10 环境	1.079	0.299	14.210	0.115	1.039	0.299
产品服务 * 10 技术	8.889 * *	0.003	7.500	0.324	2.981	0.003
产品服务 * 10 产品与服务	49.425 * * *	0.000	11.450	0.806	7.030	0.000
产品服务 * 10 安全	5.067 *	0.024	14.210	0.255	2.251	0.024
安全 * 10 国家	3.212	0.073	16.120	0.206	1.792	0.073
安全 * 10 顾客	0.063	0.802	11.510	0.026	0.251	0.802
安全 * 10 员工	2.815	0.093	9.210	0.163	1.678	0.093
安全 * 10 股东	3.117 *	0.077	15.200	0.202	1.766	0.077
安全 * 10 伙伴	0.865	0.352	8.750	-0.096	-0.930	0.352

案例处理摘要						
	卡方检验			对称度量		
	Pearson 卡方值	显著性 Sig.	最小期望计数	一致性度量 Kappa 值	近似值 T	近似值 Sig.
	仅对 2 * 2 表	双侧	0 单元格的期望计数少于 5	假定零假设	渐进标准误差假定零假设	基于正近似值
安全 * 10 社会	0.009	0.925	7.830	−0.009	−0.093	0.926
安全 * 10 环境	15.635***	0.000	16.580	0.450	3.954	0.000
安全 * 10 技术	0.159	0.690	8.750	−0.041	−0.399	0.690
安全 * 10 产品与服务	7.151**	0.007	13.360	0.303	2.674	0.007
安全 * 10 安全	44.179***	0.000	16.580	0.762	6.647	0.000

注：总体 N＝210，有效 N＝76，占 36.2％。

参 考 文 献

1. Mike W. Peng, 2006. Global Strategy. Thomson-South-Westen: Cincinati.

2. Gladwin, T. N. , Kennlly, J. J. , & Krause, T. — S. 1995. Shifting paradigms for sustainable development: Implecations for management theory and research. Academy of Management review, 20: 874—907.

3. John W. Mayer and Brian Rowan, 1977. Institutionalized organizations: Formal structure as Myth and Ceremony. American Journal of Sociology. Vol. 83. No. 2. 340—363.

4. Martin Ruef and W. Richard Scott. 1998. A multidimensional model of organizational legitimacy: Hospital survival in changing institutional environments. Administrative Science Quenterly. Vol. 43 No. 4. 877—904.

5. Paul DiMaggio and Walter Powell, 1983. The Iron Cage Revisited: Institutional Isomorphism and Collective Rationality in Organizational Fields. American Sociological Review. Vol. 42No. 2. 147—160.

6. Thomas Donaldson and Lee E. Preston. 1995. The Stakeholder theory of the Corporation: Concepts, Evidence, and Implications. Academy of management Review. Vol. 20. No. 1. 65—91.

7. Jones. T. M. 1995. Instrumental stakeholder theory: A synthesis of ethics and economics. . Academy of Management

Review，20：404－437.

8. Andrew Campbell and Sally Yueng. 1991. Brief Case：Mission，Vision and Strategic Intent. Long Range Planning，24 (4)：145－147.

9. Irland R. D，Hitt M. 1992，A. mission statements：importance，challenge and recommendations for development. Business Horizons，35（3）：34－43.

10. Bart，C. K. 1997. Sex，lies，and mission statements. Business Horizons 40（6），9－18.

11. Mike W. Peng . 2005. Perspectives － From China Strategy to Global Strategy. Asia pacific Journal of Management，22，123－141，2005.

12. Mike W. Peng ., 2002，Toward an Institution － based view of Business Strategy. Asia pacific Journal of Management，19：251－267.

13. 钟宏武，等. 中国企业 2009 社会责任发展指数报告 [M]. 北京：经济管理出版社，2009.

14. 彭泗清，等. 中国企业家调查系统 2008 调查报告 [R].

15. Drucker P. F. 1973. Management：Tasks，Responsibilities，Practices. Harper and Row，New York.

16. Barbara R. Bartkus，Myron G，McAfee R. B. 2004，A comparison of the quality of European，Japanese and U. S. mission statements：A content analysis. European Management Journal，22（4）：393－401.

17. David F. R. 1989，How Company define their mission. Long Range Planning，22（1）：90－97.

18. Bart，C. K. ，Bontis，N. and Taggar，S. 2001，A model of the impact of mission statements on firm performance. Management Decision 39（1），19－35.

19. Barbara R. Bartkus and Myron Glassman，2007. Do firm

practice What They Preach? The Relationship Between Mission Statements and Stakeholder Management. Journal of Business Ethics, 83: 207—216.

20. Bartkus, B. R. , M. Glassman and R. B. McAfee: 2004, A Comparison of the Quality of European, Japanese and U. S. Mission Statements: A Content Analysis, European Management Journal, 22 (4), 393—401.

21. Bart, C. K. and M. Hupfer: 2004, Mission Statements in Canadian Hospitals, Journal of Health Organization and Management 18 (2), 92—110.

22. Bart, C. K. and M. C. Baetz: 1998, The Relationship Between Mission Statements and Firm Performance: An Exploratory Study , The Journal of Management Studies 35 (6), 823—853.

23. M. Boisot and J. Child. 1996. From Fiefs to Clans and Network Capitalism: Explaining China's Emerging Economic Order. Administrative Science Quarterly, (41): 600—628.

24. Child, C. M. and Tsui. 2005. The Dynamic between Firms' Environmental strategies and Institutional Constraints in E-merging Economies: Evidence from China and Taiwan . Journal of Management Studies, /1: 95—125. .

25. Stuart Hart , 1995, A nature Resource—Based view of firm, Academy of of Mnagement Review, 20, 986—1014.

26. Micheal E. Porter and Class Van der Linde, Toward a new conception of the environment competitiveness relationship, Journal of economic perspective, no. 4—9 (1995)

27. J. Barney, 2001, Competence explanations of economic profit in strategic management : Some Policy implications, In J. Elliged, Dynamic Competition and PublicPolicy , 45—64.

28. Prahalad, C. K. & Hammond, 2002, A Serving the

world's poor, profitably. Harvard Business Review, 80 (9), 48—57.

29. Freeman, R. E. 1984, strategic Management: A Stakeholder Perspective. Englewood Cliffs, Nj: Prentice Hall.

30. R. MiTchell, B. R, Agle and Wood, 1997, Toward a theory of Stakeholder Identification and Salience: Defining the Principle who and what really Counts. Academy of management Review, Vol. 22 No. 4. 853—886.

31. H. Donaldson & L. Preston, 1995, The stakeholder theory of the organization: Concepts, Evidence an implications, Aacdemy of Management Review, Vol. , 20, No. , 1, 65—91.

32. M. W. Peng, 2009, Perspective— From China Strategy to Global Strategu. Asia pacific Journal of Management , 22, 123—141, 2005.

33. Pratima Bansal and Jijun Gao, Building the Future by Looking to the Past: Examining Research Published on Organization & Environment, Organization Environment 2006; 19; 458

34. Chan, R. Y. K. (2005). Does the natural—resource—based view of the firm apply in an emerg—ing economy? A survey of foreign invested enterprises in China. Journal of Management Studies, 42 (3), 625—672.

35. P. F. Drucker, Management - Tasks, Responsibilities, Practices (New York: Harper & Row, 1974), pp. 74—94.

36. Pearce, J. , II and K. Roth: 1988, 'Multi Nationalization of the Mission Statement', SAM Advanced Management Journal (Summer), 39—44.

37. Leuthesser, L. and C. Kohli: 1997, 'Corporate Identity: The Role of Mission Statements', Business Horizons 40 (3), 59—67.

38. O' Gorman, C. and R. Doran: 1999, ' Mission Statements in Small and Medium — Sized Businesses', Journal of Small Business Management 37 (4), 59—66.

39. Pearce, J. A. and F. R. David: 1987, 'Corporate Mission Statements: The Bottom Line ', Academy of Management Executive 1 (2), 109—116.

40. G. Hamel and C. K. Prahalad, 1989, Strategic Intent, Harvard Business Revie, May—June.

41. Botterhill, M. 1990, Changing corporate culture. Management Services 34 (6), 14—18.

42. Davies, S. W. and Glaister, K. W. 1997, Business school mission statements – the bland leading the bland? Long Range Planning 30 (4), 594—604.

43. Scott, W. R. 1995. Institutions and Organizations. Thousand Oaks: Sage Publication,.

44. Lynne G. Zucker. 1987b. Institutional theory of Organization. Ann Rev. Social, 13: 443—64.

45. Zucker, L. G. 1983. Organizations as institutions. In Advances in Organizational Theory and Researched. S. B. Bacharach, pp. 143. Vol. 2. Greenwich, Conn: JAI

46. Zucker, L. G., (ed.) 1987a. Institutional Patterns and Organizations: Culture and Environment. Mass: Ballinger. In press.

47. Horowitz, M. J. 1986. Santa Clara revisited: The development of corporate theory. West Virginia Law Review, 88: 173—224.

48. Pfeffer, J. 1981. Management as symbolic action: The creation and maintenance of organizational paradigms. In L. L. Cummings & B. M. Staw (Eds.), Research in organizational behavior, vol. 13: 1—52.

49. Tuzzolino，F.，& Armandi，B. R. 1981. A need hierarchy for assessing corporate social responsibility. Academy of Management Review，6：21－28.

50. Suchman，M.：1995，'Managing Legitimacy：Strategy and Institutional Approaches'，Academy of Management Review 20 (3)，571－610.

51. Carroll A. B. A three－ dimensional conceptual model of corporate social performance. Academy of Management Review，1979，4 (4)：497－505.

52. Oliver H. M. Yau，R. P. M. Chou，Leo Tse & Lee. 2007. Developing a scale for stakeholder orientation. European Journal of Management Vol.，41 No.，11/12.

53. Miguel A. Rodriguez，Joan E. Ricar and Sanchez. 2002. Sustainable development and the sustainability of Competitive advantage：A Dynamic and sustainable View of the Firm. Creativity and Innovation Management. Vol. 11, No. 3. September.

54. Fairfax，L. M.：2006，'The Rhetoric of Corporate Law：The Impact of Stakeholder Rhetoric on Corporate Norms'，Journal of Corporation Law 31 (3)，675－718.

55. Leuthesser，L. and C. Kohli：1997，'Corporate Identity：The Role of Mission Statements'，Business Horizons 40 (3)，59－67.

56. Donna J. Wood. 1991. Corporate Social Performance Revisited. Academy of Management. Vol. 16 No. 691－718.

57. Mcwilliams Moon & Siegel，Richard T. De George. 2008. The Relevance of Philosophy to Business Ethic：A Response，Business Ethic Qurterly. Vol. 16. Issue. 3. 105－152，381－389.

58. Joseph Heath. 2006. Business Ethics Without

stakeholders. Business Ethics Quarterly. Vol. 16. , Issue 4. , 1052－150. , pp：535－557.

59. Bart，C. K. （1997） Sex，lies，and mission statements. Business Horizons 40 （6），9－18.

60. 诺斯. 经济史上结构与变迁 ［M］. 陈郁，罗华平等译. 上海：三联书店，1981.

61. Noreen. E. 1988. The economics of ethics：A new perspective on agency theory. Accounting Organizations and Society. 13：359－369.

62. Frank. R. H. 1988. Passions within reason：The strategic role of emotions. New York：Norton. Renference from Jones T. 1995. Instrumental stakeholder theory：a synthesis of ethics and e-conomics. Academy of Management Review，pp. 404－37.

63. M. E. Porter. 1985. Competitive Advantage，New York Free Press.

64. Penrose. E. T. 1959. The Theory of the Growth of the Firm. New York：Wiley.

65. Wernerfelt，B. 1984. A Resource － Based view of the Firm. Strategic Management Journal. ，5：171－180.

66. Praharad，C. K. & Hamel，G. 1990. The Core Competence of the Corporation. Harvard Business Review. 68 （3）. 79－91.

67. Barney，J. B. 1991. Firm resources and Sustained Competitive Advantage. Journal of Management，17：99－120.

68. M. W. Peng. 2004 （a）. Identifying the Big Questions for International Business Research. Journal of International Business Studies. 35：99－108.

69. M. W. Peng. 2006. Global Strategy. Thomson South－Westerm：Cincinnati.

70. Sethi. S. P. 1979. A Conceptual Framework For

Environmental Analysis of Social Issues and Evaluation of Business Response Patterns. Academy of Management Review Ml: 63—74.

71. Wood, D. J. 1991. Corporate Social Performance Re \ ished. Academy of Management Review. 16 (4): 691—718.

72. McWilliams & D. Siegel. 2000. Corporate Social Responsibility and Finacial performance: Correlation or Misspecification? Strategic Management Journal, Vol. 21, No. 5 May. 603—609.

73. A. J. Hillman & Gerald D. Keim. 2001. Shareholder Value, Stakeholder Management, and Social Isuues: What's th Bottom Line? Strategic Management Journal, Vol. 2 Feb. : 125—139.

74. S. Waddock & S. B. Graves. 1997. The Corporate Social Performance—Finacial Performance Link. Strategic Management Journal, Vol. 18, No. 4. , Apr. pp: 303—319.

75. Bowen, H. R. 1953. Social Responsibilities of the Businessman, New York: Harper & Row.

76. Davis, K. and Blomstrom, R. L. 1975. Business and Society: Environment and Responsibility (3rd ed). New York: Mc Graw—Hill.

77. Backman, J. 1975. Social Responsibility and Accountability. New York: New York University Press.

78. Berle, A. A. and Means G. C. 1932. The Modern Corporation and Private Property. New York: Macmillman.

79. Friedman, M. 1962. Capitalism and Freedom. Chicago: University of Chicago Press.

80. Levitt, T. 1958. The Dangers of Social Responsibility. Harvard Business Review. 36 (5): 41—50.

81. Stone, C. D. 1975. Where the Law Ends. New York:

Harper and Row Publishers.

82. Dodd. 1932.

83. Davis, K. 1960. Can Business afford to Ignore Social Responsibilities? California Management Review. 2 (3): 70—76.

84. Ackerman, R. W. , and Bauer, R. A. 1976. Corporate Social Responsiveness. Reston, Virginia: Reston Publishing.

85. Sethi, S. P. 1975. Dimensions of Corporate Social social Responsibility. California Management Review. 17 (3), 58—64.

86. Carroll. A. B. 1991. The Pyramid of Corporate Social Responsibility: Toward the Moral Management of Organizational Stakeholders. Business Horizons (July/ August): 39—48.

87. Wood, D. J. , and R. E. Jones. 1996. Research in Corporate Social Performance: What Have We Learned? In Corporate Philanthropy at the Crossroads, ed. D. R. Burlingame and D. R. Young (Bloomington, Ind. : Indiana University Press): 41—85.

88. Carroll, A. B. , and A. K. Buchholtz. 2000. Business and Society: Ethics and Stakeholder Management (4th ed.) (Cincinnati: South—Western Publishing Co.). .

89. Carroll, A. B. 2003. Business and Society: Ethics and Stakeholder Management (5th ed.) (Cincinnati: Thomson — South—Western).

90. Jackson, J. H. , R. L. Miller, and S. G. Miller. 1997. Business and Society Today: Managing Social Issues (Pacific Grove: West Publishing Company).

91. M. S. Schwartz and A. B. Carroll, 2003. Corporate Social Responsibility: Atherr — Domin Approach. Business Ethics Quarterly, Vol. 13. Issue 4 1052—150 503—530.

92. A. Mc Williams, Donald Siegel and P. M. Wright. 2006. Corporate Social Responsibility: Strategic Implications. Journal of

Management Studies. 43：1 January. 0022—2380.：1—18.

93. Jones. T. M, 1979. Corporate governance：Who controls the large corporation? Hastings Law Journal 30：261—1286.

94. Wartick. S. L.. & Cochran. P. L. 1985. The Evolution of the Corporate Social Performance Model. Academy of Management Review. 10：758—769.

95. Etavis, K. 1973. The Case for and Against Business Assumption of Social Responsibilities. Academy of Management Joumal. 16：312—322.

96. Blake, D. H., Frederick, W. C, & Myers, M. S. 1976. SociaJ auditing：Eraiuating tiie impact of corporate programs. New York：Praeger.

97. Dierkes, M., & Berthoin Antal, A. 1986. Whither corporate social reporting：Is it time to legislate? Cal Uomia Management Review. 28 (3)：106—121.

98. Jones, T. M. 1980. Corporate social responsibility revisited, redefined. California Management Review, 22 (3)：59—67.

99. Alkhafaji, A, F. 1989. A stakeholder approach io corporate governance. Managing in a dynamic environment. Westport, CT：Quorum Books.

100. Thompson. J. K., Wartick, S. L., & Smith, H. L. 1991. Integrating Corporate Social Performance and Stakeholder Management：Implications for a Research Agenda in Small Business. Research in Corporate Social Performance and Policy. 12：207—230.

101. Wartick. S. L.. & Cochran. P. L, 1985. The evolution of the corporate social performance model. Academy of Management Review. 10：758—769.

102. Jones, T. M. 1993 Ethical decision — making by

individuals in organizations: An issue contingent model. Academy of Management Review 16: 366—395.

103. Hill, C. W. L. , & Jones, T. M. 1992. Stakeholder— agency theory. Journal of Management Studies, 29 (2): 131—154.

104. Kelley, P. C, & Agle, B. R. 1990. The past as a predictor of the future: Political action committees' solicitation techniques. Intemational Association for Business and Society Proceedings 1990: 353—362.

105. Brenner, S. N. , & Cochran, P. L. 1991. The stakeholder model of the firm: Implications for business and society research. In J. F. Mahon (Ed.), Proceedings of the Second Annual Meeting oí the International Association lor Business and Society: 449—467. Sundance.

106. Donaldson, T. , & Preston, L. E. 1995. The stakeholder theory of the corporation: Concepts, evidence, and implications. Academy oí Management Review, 20: 65—91.

107. M. A. Rodriguez, J. E. Ricart and P. Sanchez. 2002. Sustainable Development and the Sustainability of Competitive Advantage: A Dynamic and Sustainable View of the Firm. Creativity and Innovation Management. Vol. 11. No. 3 SEP.

108. Evan, W, M. , & Freeman, R. E, 1988. A stakeholder theory of the modern corporation: Kantian capitalism. In T. Beauchamp & N, Bowie (Eds,), EfhicaJ theory and business: 75—93.

109. Freeman, R. E,, & Gilbert, D, R,, Ir, 1987, Managing stakeholder relationships. In S. P, Sethi & C. M. Falbe (Eds.), Business and society: 397—423.

110. Freeman, R. E. , & Reed, D. L. 1983. Stockholders and stakeholders: A new perspective on corporate governance.

California Management Review，25（3）：88－106.

111. Posnar，B. Z.，& Schmidt，W. H. 1984. Values and the American manager. California Management Review. 26（3）：202－216.

112. Preston，L. E.，Sapienza，H. J.，& Miller. R. D. 1991. Stakeholders, shareholders, managers: Who gains what from corporate performance? In A. Etzioni & P. R. Lawrence（Eds.），Socio－economics：Toward a new synthesis：149－65. Armonk，NY：M. E. Sharpe.

113. Preston，L. E.，& Sapienza，H. . 1990. Stakeholder management and corporate performance，Journay of Behavioral Economics. 19：361－375.

114. Pfeffer. J. 1994，Competitive advantage through people. Boston：Harvard Business School Press.

115. Freeman，R. E，& Evan，W，M. 1990. Corporate Governance：A stakeholder Interpretation. The Journal of Behavieral Economics. 19（4）：337－359.

116. Carroll，A. B. 1991. The Pyramid of Corporate Social Responsibility：Toward the Moral Management of Organizational Stakeholders. Business Horizons（July/August）：39－48.

117. Carroll，A. B. 1993. Business and Society：Ethics and Stakeholder Management . 2nd ed.. Cincinnati：South－Western College Publishing.

118. Starik. M. 1993. Is the environment an organizational stakeholder? Naturally! In J. Pasquero & D. Collins（Eds.），Proceedings of the Fourth Annual Meeting oí the International Association for Business and Society：466－47 L San Diego.

119. Starik，M. 1994. Essay by Mark Starik. Pp. 89－95 of The Toronto Conference：Reflections on Stakeholder Theory. Business & Society，33：82－131.

120. Suchman. M. C. 1995. Managing legitimacy: Strategic and institutional approaches. Academy of Management Review, 20: 571—610.

121. Freeman, R, E., & Gilbert, D. R. 1987. Managing stakeholder relationships. In S. P. Sethi & C. M. Falbe (Eds.), Business and society: Dimensions oí conflict and cooperation, 397—423.

122. Freeman, R. E, & Gilbert, D, R,, I. 1987. Managing Stakeholder Relationships. In S. P, Sethi & C. M. Falbe (Eds.), Business and society: 397 — 423. Lexington, MA: Lexington Books.

123. Weiss, J. W. 1994. Business Ethics: A Managerial, Stakeholder Approach . Belmont, Calif. Wadsworth Publishing Co.

124. Williamson, O. E. 1985. The Economic in Stitutions of Capitalism. New York: Free Press.

125. Weber, M. 1947. The theory of social and economic organization. New York: Free Press.

126. Pfeffer, J. 1981. Power in Organizations. Marshfield, MA: Pitman.

127. B. R. Agel, T. Donaldson, R. E. Freeman , Michael Jensen, R. K. Mitchell & D. J. Wood. 2008. Dialogue: Toward Superior Stakeholder theory. Business Ethics Quarterly, Vol. 18, Isuess, 2, Issn. 1052—150: 153—190.

128. Peyrefitte, J. &F. R. David . 2006. A Content Analysis of the Mission Statements of United States Firms in Four Industries. International Journal of Management 23 (2): 296—301.

129. O'Gorman, C. and R. Doran: 1999, Mission Statements in Small and Medium—Sized Businesses. Journal of Small Business

Management 37（4），59－66.

130. Shao ＆ Liu. 2009. Corporate Strategic Mission Statements Quality and Financial Performance：An Analysis on Chinese Firms. IEEE. 978－1－4244－4639－1/09.

131. Gupta，A. K. ＆ Govindarajan，V. 1985. Linking Control Systems to Business Unit Strategy：Impact on Performance . Accounting Organizations and Society, 10 (1)：51－66.

132. Husted，B. W. and De Jesus Salazar，J. （2006）. 'Taking Friedman seriously：maximizing profits and social performance'. Journal of Management Studies，43，1，75－91.

133. Scott，W. R. 1995. Institutions and Organizations. Thousand Oaks：Sage Publications.

134. Campbell，John L. 2007. Why Would Corporations Behave in Socially Responsible Ways? An Institutional Theory of Corporate Social Responsibility. Academy of Management Review，Vol. 32，No. 3，946－967.

135. North，D. C. 1990. Institutions，institutional change and economic performance. New York：Cambridge University Press.

136. Scott，W. R. 2001. Institutions and organizations（2nd ed.）. Thousand Oaks，CA：Sage.

137. 吕源，徐二明. 制度理论与企业战略研究 [J]. 战略管理. 2009，1（1）：14－22.

138. Martin Ruef and W. Richard Scott. 1998. A multidimensional Model of Organizational Legitimacy：Hospital Survival in Changing Institutional Environments. Administrative Science Quenterly. Vol. 43，No. 4. Dec. 877－904.

139. Lauren B. Edelman. 1990. Legal Environments and Organizational Governance. American Journal of Sociology，Vol. 95，No. 6 May，1401－1440.

140. Shin — Kap Han. 1994. Mimetic Isomorphism and Its Effect on the Audit Services Market. Social Forces. , Vol. 73. , No. 2. , DEC. 637—663.

141. Fligstein Neil. 1985. The Spread of the Multidivisional Form among Large Firms. American Sociological Review, 50: 377—391.

142. Westphal Jams and Edward Zajac. 1994. Substance and Symbolism in CEO' S Longterm incentive Plans. Administrative Science Quarterly. , 39; 367—390.

143. Mayer John and W. Richard Scott. 1983. Organizational Environments: Ritual and Rationality. Beverly Hills, CA: Sage.

144. Scott, W. Richard and Mayer John. 1991. The Organization of Societal Sectors: Propositions and Early Evidence. In Walter Powell and Paul Dimaggio, The New Institutionalism in Organizzational Analysis, 108 — 140. Chicago University of Chicago Press.

145. Meyer, J. W. , & Rowan, B. 1991. Institutionalized organizations: Formal structure as myth and ceremony. In W. W. Powell & P. J. DiMaggio (Eds.), The new institutionalism in organizational analysis: 41 — 62. Chicago: University of Chicago Press.

146. Pfeffer, J. 1981. Management as symbolic action: The creation and maintenance of organizational paradigms. In L. L. Cummings & B. M. Staw (Eds.), Research in organizational behavior, vol. 13: 1—52. Greenwich, CT: JAI Press.

147. Suchman, M. C. 1988. Constructing an institutional ecology: Notes on the structural dynamics of organizational communities. Paper presented at the annual meeting of the American Sociological Association, Atlanta, GA.

148. Ashforth, B. E. , & Gibbs, B. W. 1990. The double—

edge of organizational legitimation. Organization Science, 1: 177—194.

149. DiMaggio, P. I. , & Powell, W. W. 1991. Introduction. In W. W. Powell & P. J. DiMaggio (Eds.), The new institutionalism in organizational analysis: 1 — 38. Chicago: University of Chicago Press.

150. Zucker, L. G. 1987. Institutional theories of organizations. Annual Review of Sociology, 13: 443—644.

151. Zucker, L. G. 1988. Where Do Institutional Pattems Come from? Organizations as Actors in Social Systems. In L. G. Zucker (Ed.), Institutional Pattems and Organizations: 23—52.

152. Tuzzolino, F. & Armandi, B. R. 1981. A Need Hierarchy for Assessing Corporate Social Responsibility. Academy of Management Review, 6: 21—28.

153. Jepperson, R. L. 1991. Institutions, institutional effects, and institutionalism. In W. W. Powell & P. J. DiMaggio (Eds.), The new institutionalism in organizational analysis: 143—163.

154. Geertz, C. 1973. The interpretation of cultures. New York: Basic Books.

155. Scott, W. R. 1991. Unpacking institutional arguments. In W. W. Powell & P. J. DiMaggio (Eds.), The new institutionalism in organizational analysis: 164 — 182. Chicago: University of Chicago Press.

156. Wuthnow, R. , Hunter, J. D. , Bergesen, A. , & Kurzweil, E. 1984. Cultural analysis. Boston: Routledge & Kegan Paul.

157. Zucker, L. G. 1983. Organizations as institutions. In S. B. Bacharach (Ed.), Research in the sociology of organizations: 1—42. Greenwich, CT: JAI Press.

158. Scott, 2003.

159. Weber Max. 1952. The Protestant Ethic and the Siprit of Capitalism. New York: Scribner.

160. Cyert, Richard M. & Jams G. Martch. 1963. A Behavioral Theory of the Firm, Englehood Cliffs, Nj Prentice—Hall.

161. Mayer Marshall, 1981. Presistence and Changein bureaucratic Structures. Paper Presented at the annual meeting of the American SociologicalAssociation, Toronto, Canada.

162. Larson Magail Sarfatti. 1977. The Rise of Professionallism: A Sociological Analysis. Berkeley: University of Clifornia Press.

163. Jennings & Zandbergen, 1995. Ecologically Sustainable Organizations: An Institutional Approach. Academy of Management Review. Vol. 20. No. 4. 1015—1052.

164. Campbell. 2007. Why Would Corporations Behave in Socially Responsible Ways? An Institutionall Theory of Corporate Social Responsibility. Academy of Management Review. Vol. 32. No. 3, 946—967.

165. John Child and Terence Tsai. 2005. The Dynamic Between Firms' Environmental Strategies and Institutional Constraints in Emerging Economies: Evidence from China and Taiwan. Journal of Management Study, 42: 1, January., 0022—2380.

166. I. Henriques & P. Sadorsky. 1999. The relationship between environmental commitment and managerial perceptions of stakeholder importance, Academy of Management Journal, 42: 87—99.

167. A. Hoffman. 1999. Institutional evolution and change, Academy of Management Journal, 42: 351—371.

168. T. Newton & G. Hart. 1996. Green business: Technicist kitsch, Journal of Management Study, 34: 75—98.

169. R. Jiang & P. Bansal. 2003. Seeing the need for Iso14001, Journal of Management Study, 40: 1047—1067.

170. D. Rondinelli & G. Vastag. 1996. International environmental Standards and corporate policies, E. J., 39: 106—122.

171. R. E. Freeman. 1999. Divergent stakeholder theory, Academy of Management Review, 24: 233—236.

172. T. Jones. 1995. Instrumental stakeholder theory, Academy of Management Review, 20: 404—437.

173. R. Hooghiemstra. 2000. Corproate Communication and impression management, Journal of Business Ethics, 27: 55—68.

174. C. Robertson & W. Crittenden. 2003. Mapping Moral Philosophies, Strategy Management Journal, 24: 385—392.

175. K. Basu & Palazzo. 2008. Corporate Social Responsibility: A Process Model of Sensemaking. Academy of Management Review. Vol. 33. No. 1, 122—136.

176. Anderew A. King, M. J. Lenox & A. Terlaak. 2005. The Strategic use of Decentralized Institutions: Exploring Certification with Iso 14001 Management Standard. Academy of Management Journal Vol. 48. No. 6. 1091—1106.

177. P. Bansal & I Clelland. 2000. The Market Risk of Corporate Environmental Illegitimacy. Academy of Management Proceedings. ONE: B1—B6.

178. Cara C. Maurer, Palatima Bansal & Mary M. Crossan. 2011. Creating Economic Value Through Social Values: Introducing a Culturally Informed Resource — Based View. Organization Science. Vol. 22, No. 2, March — April, pp: 432—448.

179. James R. Lucas. 1998. Anatomy of a Vision Statement. Management Review. Feberuary. 22—27.

180. Romauald Stone，1996. Mission Statements Revisited. SAM Advanced Management Journal，Winter. 31—37.

181. Jones P. and Kahaner L. 1995. Say it and Live it ：The 50 Corporate Mission Statements that Hit the Mark. New York：Doubleday.

182. Quigley J. 1994. The Strategic Leadership Star：A Guiding Light in Delivering Value to the Customer. Management Decision，32（8），21—26.

183. Nanus B. 1992. Visionary Leadership，San Francisco：Jossey—Bass Publishers.

184. Ackoff R. L. 1987. Mission Statements. Planning Review，July/ August. 30—31.

185. Collins J. C. & Porras J. I. 1994. Built to Last：Successful Habits of Visionary Companies. Harper Collins Business.

186. Abrahams J. 1995. The Mission Statement Book：301 Corporate Mission Statements from America' s Top Companies. Ten Speed Press.

187. W. R. King and D. I. Cleland. 1979. Strategic Planning and Policy. Van Nostrand Reinhold. New York.

188. Dalrymple D. J. and Parsons L. J. 1995. Marketing Management：Text and Cases. 6th New York John Wiley and Sons.

189. 刘忠明. 从制度理论入手的中国管理研究：回顾与前瞻 [J]. 战略管理，2009（1）.

190. 张汝伦. 现代西方哲学 15 讲 [M]. 北京：北京大学出版社，2003.

191. 陈爱清. 浅论中小企业战略管理中伦理道德缺失的原因和解决途径 [J]. 管理世界，2009（6）.

192. 甘碧群，曾伏娥. 企业营销行为的道德感知与测度：消费者视角 [J]. 管理世界，2004（2）.

193. 高维和，陈信康，江晓东. 声誉、心理契约与企业间关系：基于在华外资企业采购视角的研究 [J]. 管理世界，2009（4）.

194. 葛建华，王利平. 财富、权利与声望：民营企业家行动的制度分析与实证研究 [J]. 经济理论与经济管理，2011（2）.

195. 黄敏学，李小玲，朱华伟. 企业被"逼捐"现象的剖析：是大众"无理"还是企业"无良"？[J]. 管理世界，2008（10）.

196. 李敬强，刘凤军. 企业慈善捐赠对市场影响的实证研究："5·12"地震慈善捐赠为例 [J]. 中国软科学，2010（6）.

197. 刘峰，钟瑞庆，金天. 若法律风险下上市公司控制权转移与"抢劫"：三利化工掏空通化金马案例分析 [J]. 管理世界，2007（12）.

198. 林汉川，田东山. 国际绿色贸易壁垒及其对策探析 [J]. 中国软科学，2002（3）.

199. 林汉川，王莉，王分棉. 环境绩效、企业责任与产品价值再造 [J]. 管理世界，2007（5）.

200. 刘瑛华. 从 SA8000 看国际企业社会责任运动对我国的影响 [J]. 管理世界，2006（6）.

201. 刘松柏，刘璐. 通过组织内部设计实施企业外部社会责任 [J]. 经济理论与经济管理，2008（7）.

202. 刘刚，黄淑萍. 企业社会责任、关系资本与竞争优势——给予丰田"召回门"事件得分析与思考 [J]. 财贸经济，2010（6）.

203. 刘显法，张德. 企业领导者价值观与企业节能绩效关系的实证研究 [J]. 中国软科学，2007（7）.

204. 山立威，甘犁，郑涛. 公司捐款与经济动机：汶川地震后中国上市公司捐款的实证研究 [J]. 经济研究，2008（11）.

205. 宋建波，盛春艳. 基于利益相关者的企业社会责任评价研究：以制造业上市公司为例 [J]. 中国软科学，2009（10）.

206. 徐尚坤，杨汝岱. 中国企业社会责任及其对企业社会资本影响的实证研究 [J]. 中国软科学，2009（11）.

207. 尹玉林，张玉利. 中国企业的 CSR 认知、行动和管理：基于问卷的实证分析 [J]. 经济理论与经济管理，2010（9）.

208. 王碧峰. 企业社会责任问题讨论综述 [J]. 经济理论与经济管理，2006（12）.

209. 易开刚. 民营企业社会责任：内涵、机制与对策：基于竞争力的视角 [J]. 经济理论与经济管理，2006（11）.

210. 易开刚. 企业社会责任管理新理念：从社会责任到社会资本 [J]. 经济理论与经济管理，2007（11）.

211. 易开刚. 和谐视角下的企业社会责任 [J]. 经济理论与经济管理，2008（12）.

212. 企业家对企业社会责任的认识与评价：2007 年中国企业经营者成长与发展专题调查报告 [J]. 管理世界，2007（6）.

213. 邓璐，符正平. 全球 500 强企业使命宣言的实证研究 [J]. 现代管理科学，2007（6）.

214. 饶远立，邵冲. 46 家国内企业陈述的实证分析 [J]. 南开管理评论，2005（1）.

215. 邵剑兵，刘力刚. 中国汽车制造业企业发展战略问题研究 [J]. 辽宁大学学报：哲社版，2008（5）.

216. 林泉，邓朝辉，朱彩霞. 国有与民营企业使命陈述的对比研究 [J]. 管理世界，2010（9）.

217. Matthew B. Miles and A. Michael Huberman. 质性资料的分析：方法与实践 [M]. 张芬芬，卢晖临，译. 重庆：重庆大学出版社，2009.

218. 陈晓平，徐淑英，樊景立. 组织与管理研究的实证方法 [M]. 北京：北京大学出版社，2008.

后　记

　　秋意渐浓，一个收获的季节，我的博士论文也渐趋完稿。正如收获是为新的播种，使生命的延续更丰富多彩，论文的完成，也标志着一段学习和研究工作的结束，迎接新使命的开始。

　　回首耕耘的岁月，经历的风风雨雨，艰难和挫折，一次次的探索，一次次的失败，对成功的喜悦已经淡然。但作为学人对知识的追求更加执著，这份意志和信念来自导师对学术的敬畏带给我的深刻熏染。我非常荣幸能够成为战略管理学者徐二明教授的博士生，更感谢教授在我博士学习期间给予我的知识引导和研究方法的指引。教授以其敏锐的目光洞悉学术的发展，以其独特的敦厚和谦和态度循循善诱，将深奥的理论如行云流水般解析给我们，并指导我们在新的领域进行探索和拓展，对于我的一次次失败从未有过责备，而对于在学术上的疏忽却毫不留情。教授对学术的尊敬和为人的谦和带给我的是远高于博士证书内涵的品格。对教授的感谢致辞无法表达这份敬意，作为学生能做的是对教授学术精神的一生追随。

　　支持我完成博士研究工作的是默默从生活上给予我无微不至关照的我的爱人。他对我的支持和鼓励，使我能够坚定意志。在我经历一次次失败带来的沮丧，陷入困窘和迷失时，是爱人带给我鼓励，与我共同探讨问题并调整方向，他是我生命的另一半。"执子之手，与子偕老"，博士的勋章有他当之无愧的一半。

　　父母是我完成博士研究工作的坚定支持者。妈妈用最朴实和真挚的爱在我博士研究工作期间默默地照顾我的生活，而带给我更多的是父亲在我成长过程中对我的教诲。在我能够停下来与父亲交谈时，每一次父亲都用《周易》和孔子的儒家思想研究流派来与我探讨社会责任问题，父亲对知识的尊敬，是我一生成长的动力。为我的博士学位做出最大牺牲的是我的孩子，而孩子也是我博士研究期间的最大收获和安慰，他的成长和塑造是我的另一份具有不同内涵的博士研究工作，我在社会责任上的理解对他的传递，使他从新的视角来观察周围的世界，并表达出新一代对社会责任的认知和热情，这是我们社会的未来和希望，我将以他的成就来打造新的博士勋章。

商学院如同我的另一个家园，各位老师对我研究给予的鼓励如同家人般的温暖。特别是王洪耘教授为一个逻辑的建构与我探讨至深夜，宋华教授更是在我的理论支撑上提供了多方位的指引，刘军教授对我在研究方法上的指导使我纠正了原来研究上的误区，避免了研究结论的悖逆。陈君和施晓斌老师在我学习和生活上提供了深切关怀，商学院是我新的精神家园。

感谢香港中文大学吕源教授在制度理论和企业社会责任理论研究上的提示，多次在学术会议和座谈会上的交流，使我从吕教授那里了解了更多的制度理论研究的方向和方法。感谢首都经贸大学高闯教授和北京青年管理干部学院刘杰教授对我学习期间的鼓励和帮助。

我更要感谢在我博士学习和研究期间为我提供最大支持和鼓励的辽宁大学的领导、老师、同事和朋友们，他们用真挚的友谊和关爱在我学习期间对我的生活提供了重要帮助。黄泰岩教授的推荐使我有机会成为中国人民大学的博士生，程伟教授和刘志超教授的鼓励和支持使我更坚定学习的信念。与姚海鑫教授的每一次对研究方法的探讨为我开拓研究新领域提供了启迪。周菲教授和史保东博士对我的研究提供了最大支持和帮助。我对纪委和审计处的同事们怀有更深刻的敬意和谢忱，他们在我学习和研究工作期间，承担了全部工作任务，毫无怨言！他们与我在工作中建立的友谊是我一生的财富，也是我一生相伴的朋友，我深深地感谢他们，博士的勋章有属于他们的重要成分，他们是戴良伟教授，洪长伟处长，孙杰、吴晓红处长，王居顺、陈大光两位兄长。

感谢 2008 级企业管理班同学给予的支持！谢谢同门师兄、师姐和师妹刘向兵、刘承运、孟林、罗镇世、李林、杨正沛、吴琼、衣风鹏、杨慧，以及 11 级企业管理班同学的支持。感谢室友岳晗陪我度过艰难的日日夜夜，倾听我的心声，给予我心灵的鼓励！

感谢所有在我成长过程中给予鼓励、支持的朋友！虽然我无法在绢尺之间将他们的名字一一列举，但是今天的成绩是无数的亲人和朋友用他们真挚的友谊和关爱同我一起创造，这些关爱将伴随我从过去走向未来！

祝愿所有的亲人和朋友一生平安！

作　者

2011 年 10 月 16 日

于中国人民大学宜园 1606 室